だからあなたは今でもひとり

～悲しい別れ、離婚、失恋のあとでもういちど愛を手にいれたいあなたへ～

MARS AND VENUS STARTING OVER

A Practical Guide for Finding Love Again
After a Painful Breakup, Divorce,
or the Loss of a Loved One

訳者前書き

全米で大ベストセラーのジョン・グレイ博士の、『だからあなたは今でもひとり』をお届けいたします。

本書の原題は、「MARS AND VENUS STARTING OVER（火星人と金星人の旅立ち）」です。ここでいう火星人とは、火星に住んでいる人という意味ではもちろんなく、男性のこと。金星人というのは、女性を表しています。違う星に住んでいると思われるほど性質も価値観も違う男女が、出会いそして別れることになったときにはどうしたらいいのか、ということを男女の違いを考えながら、その解決法を示しているのがこの本です。

『だからあなたは今でもひとり』というタイトルを見ると、別れを経験していまだにひとりなのは、自分の責任だからしかたがない、と非難されているように感じる方がいらっしゃるかもしれません。

でも、そうではないのです。

別れのあとで、しっかりと悲しみを実感し、自分を癒《いや》さなければ、たとえ新しい相手にめぐり会っても、また同じように「別れ」てしまうことになりかねません。私たちは別れのつらさを感じるのが嫌なばかりに、悲しみを何か別のもので紛らわしてしまいがちです。本当に「別れ」と向き合わないから、新しい恋や結婚をしてもまた同じような結末になってしまうとグレイ博士はいっています。「だから」こそ、別れたあとの自分の気持ちを見つめて、しっかりと「癒す」必要がある、そうでなければいつまでたっても「ひとり」になってしまうという意味をこめて、このタイトルにしました。原書の副題にあるように、「悲しい別れ、離婚、失恋のあとでもういちど愛を手にいれたいあなたへ」という気持ちをこめた、応援メッセージというところでしょうか。

ところで、本書はアメリカでは恋に破れた女性もさることながら、離婚を経験した男性に熱狂的に支持されました。というのも、アメリカも日本と同様に、男性が「別れと離婚」に思い悩んでいるのは男らしくないという風潮があります。でも、「別れや離婚」を経験して、ショックを受けたり、気持ちがブルーになってしまうのは、男女ともに同じです。男性は公衆の面前で泣いたり、わめいたりするほど心を表に出せないから、気にしていないように思われるだけなのです。でも、グレイ博士は断言しています。別れを十分に悲しまないから、「今でもひとり」なのだというのです。このメッセージが、離婚を経験した男性の心に強烈に響いたのでしょう。

恋や結婚に破れて、悲しいと感じている多くの方に読んでいただけたらと思います。グレイ博士の助言によって、心が軽くなり、どれくらい自分が癒されているかを感じることができるでしょう。

そして、この本を読んでいただいた多くの方が、再び新しい愛や人生最高のパートナーを見つけることを、願っています。

前沢　敬子

はじめに

愛する相手を失うと、その瞬間から人生はまったく違った様相を見せる。突然、複雑な問題に直面し、もういちどスタートからやり直さなければならないのに、何をしたらいいのかわからなくなってしまう。頭のなかは疑問であふれ、心のなかは苦しみでいっぱいになる。わたし自身、自分が離婚したあとは、やり直しが必要だった。強盗に愛する父を車のトランクに放置されたことで亡くし、弟は自殺するという苦しみを経験している。わたしは愛する人を失ったときの衝撃が大きいことを、よく理解している。そして、その痛みを癒《いや》すことによって、手にするものの大切さも知っている。

離婚の苦しみを癒したあと、わたしは自分の失敗から学んで、新しい人生をより充実したものにすることができた。当時ではとても考えられなかったが、今では最初の結婚が失敗に終わったことに感謝している。それがなければ、新しい一歩を踏みだして、最愛の妻のボニーと結婚することも、現在手にしている、満ち足りた人生と家庭を作ることもできなかっただろう。

苦痛を癒したことで、わたしは新しい人生に踏みだすことができた。これまでにないほど心が開き、よりはっきりと物事を見ることができるようになった。癒しの旅の間、わたしは毎日新しい発見をし、そのおかげでボニーが心の友だと知ることができたのだ。

自分の心を癒したおかげで、わたしはカウンセラーや教師として成長した。だが、それよりも重要なのは、夫として、父親として成長できたことだろう。つらい離婚の経験があったからこそ、愛に満ちた一生をおくるためのドアを開くことができた。

たしかにこの道は平坦ではない。新しい人生を踏みだすのは、生みの苦しみがある。しかし、苦しいときがあってもこのプロセスを乗り越えれば、愛に満ちた人生が待っている。

愛する人の死と、離婚や恋人との別れはまったく異なるが、苦しみを癒すプロセスは変わらない。どんな別れ方をした人でも、この本を読めば傷ついた心を癒す方法を見つけることができるだろう。

わたしは二八年間のカウンセリングの経験のなかから、女性と男性はまったく違うものだということを知った。男女はまさに異星人のようなものだから、それぞれに合った形で恋人との別れ、離婚、愛する人との死別などの相談にのり、心の癒しを手伝ってきた。

そこで、本書も三部構成にしている。

第一部は、男女ともに共通する「基本的な癒しのプロセス」について解説している。癒しのプロセスはいっしょでも、男性と女性では状況が異なることもあるので、多少男女別のアプローチをしている。

第二部は、女性が再出発する際に直面する問題について書いてある。そして第三部は、男性の問題が対象となっている。

苦しみを癒すプロセスはいっしょだが、愛する人を失ったときに直面する問題は、それぞれ違う。この本を読むことで、さまざまな状況を克服する方法がわかれば、自分の問題として応用できるだろう。そして、迷わず判断できるだけでなく、自分がひとりではないという安心感を持つことができるにちがいない。

現在でも多くの人が、愛する人を失った苦しみに耐えている。もういちど愛を見つけようとしないで、ただ耐えているばかり。この人たちは心を癒して再び愛を見つける方法があることや、苦しみを癒す方法があることを知らないだけなのだ。

愛する人を失うことは避けられないが、苦しみを避けることはできる。過去の苦痛を癒すことはできるし、その経験をもとに人間的に成長することができるのだ。人生をさらによい方向に変えられるし、また意識的に変える努力をしてみるべきなのだ。

この本は、わたしが心から書きたいと思っていた一冊であり、愛する人を失い苦しんでいた人たちのために働いてきた二八年間の集大成でもある。この本が暗い道をさまようときの役にたち、道を示す賢明な教師になり、孤独を慰めてくれる理解ある友人になり、もっともつらい旅の道づれになってくれることを願っている。

他の人たちも同じ道を歩んできた。そして切り抜け、また夢を見つけたのである。

あなたもまた、同じ道を確信をもって歩んでほしい。

ジョン・グレイ

謝辞

新作を生み出すのに協力してくれた妻のボニーに再び感謝する。

絶え間ない愛情と支援を与えてくれた三人の娘、シャノン、ジュリエット、ローレンにも感謝する。わたしが執筆に没頭している間に事務所を切り盛りしてくれたヘレン・ドレイクにはとくにお世話になった。

本書のために貴重な意見を提供してくれた、以下の家族や友人たちにも感謝をささげる。母のヴァージニア・グレイ、兄弟のデヴィッド、ウィリアム、ロバート、トム・グレイ、そして姉のヴァージニア・グレイ。それから友人のロバートとカレン・ジョゼフスン、スーザンとマイケル・ナジャリアン、レニー・スウィスコ、アイアンとエリー・コーレン、トゥルーディー・グリーン、キャンディス・ファーマン、バートとメリル・ビアランス、マーティンとジョシー・ブラウン、レジーとアンドレア・ヘンカート、ラミ・エル・バトラヴィ、サンドラ・ワインシュタイン、ロバート・ボードリー、ジム・プーサン、ロンダ・コーリアー、ジムとアンナ・ケネディ、アランとバーバラ・ガーバー、そしてクリフォード・マクガイヤーたちである。

常に抜群のサポートをしてくれたエージェントのパティ・ブライトマンにも感謝する。そして、四〇を超える言語でわたしの本を出版してくれた、海外エージェントのリンダ・マイケルズにも感謝の念は尽きない。

巧みにわたしを導き、適切な助言を授けてくれた編集者のダイアン・ラヴァランドにも感謝している。ハーパー・コリンズ社社長のデヴィッド・スタインバーガー、会長のジェーン・フリードマンも、わたしを導き、支えてくれた。ほかにも、カール・レイモンド、マリリン・アレン、ローラ・レオナルド、デヴィッド・フローラ、クリスタ・ストローヴァーなど、ハーパー・コリンズ社のたくさんの優秀な社員たちがわたしのために動いてくれた。これ以上のチームは望むべくもない。

本書の、オーディオ版の製作に尽力してくれた、アン・ゴーディニアー、リック・ハリス、ジョン・コロリー等、ハーパー・オーディオのスタッフと、ダグ・ニコラス、スーザン・ストーン等、ロシアン・ヒル・レコーディングのスタッフたちにも感謝したい。

世界中で、「マーズ・ヴィーナス」のセミナーを推進している指導員たちと、過去一五年の間にそれに参加してくれた何千人もの人々にも感謝している。また、自らのカウンセリングに「マーズ・ヴィーナス」の原則を取り入れてくれているカウンセラーたちにも感謝をささげたい。

最後に、大切な友人カレシュウォーに心からの感謝を送る。

だからあなたは今でもひとり●目次

第二部　愛における女性の再出発　139

第三部 男性が新しい愛を手にする方法 199

この本を、心からの愛と思慕を込めて、
わたしの妻であり心の友でもあるボニー・グレイにささげる。
彼女の輝かしい愛情は、
いつもわたしのなかの最善を導き出してくれる。

Title: MARS AND VENUS STARTING OVER
Author: John Gray, Ph.D.

ブックデザイン／高橋雅之（タカハシデザイン室）
イラストレーション／EMI
企画協力／岩城レイ子
編集／加治屋文祥

Mars and Venus Starting Over

第一部

愛を失ったときの癒しのプロセス

1 愛する相手を失ったときにするべきこと

愛する人を失ったときの衝撃は男女ともに同じだが、そのあとで目のまえに立ちはだかる問題はかなり違っている。男性と女性とでは考え方も、感じ方も、気持ちの伝え方も違うように、愛を失ったときの受けとめ方も違うのだ。心に傷を負った女性が無意識のうちにとる行動は、男性がとる行動と同じではない。女性の救いになることが、男性の役にたつとはかぎらないのだ。多くの面で、男性と女性は天と地ほどもかけ離れている、まさに男性は火星人で、女性は金星人なのだから。

しかし対応は違っても、妻や、夫や、恋人と別れたあとに味わう苦しみの大きさに変わりはない。新しくスタートをやり直すほど、むずかしいことはないのかもしれない。ほとんどの人が「これほど苦しいとは思わなかった」といっている。

孤独と混乱のなかで心がうめき声をあげ、胸に痛みが突き刺さる。どうしようもなく茫《ぼう》然《ぜん》とし、過去を変えられない自分の無力さと戦いながら、絶望の深みにはまっていく。まっ暗な海に、ただひとりとり残されているような感じなのだ。永遠とも思える一瞬一瞬を、ただやり過ごすだけ。つらさを忘れて無感覚になるときもあるが、何かのきっかけで苦しさを思いだすと、以前にも増して愛がほしくなる。むきだしの傷の痛みに向きあって、もう二度と以前の自分には戻れないと実感する。

しかし、大切なのは心が癒《いや》されることである。完全に心が癒されれば、苦しみも完全に消える。頭でも心でも、起きたことは変えようがないと素直に納得できるようになる。ひとりに戻って新しい人生のスタートを切り、心を開いて、また愛し愛されようとし始める。もう、戻らないと思っていた平穏な生活が再開され、絶望の暗闇《くらやみ》は消えて、包みこむような愛の日ざしがさしてくるはずだ。

癒しのための第一歩

心の傷を癒すには、正しい手順をふまなければならない。

心の傷を癒す方法は、学校で教えてくれるわけでもなく、何度も経験して身につけていくというわけにもいかない。そのため、ほとんどの人は、心の癒しの大切さに気づいておらず、しかも正しい癒しのプロセスを知らないで暗闇に迷うと、大変なことになる。友人や家族のアドバイスに従うか、自分の本能に従うか、どちらかの行動をとってしまいがちだが、よかれと思って選んだ方法でも逆効果になることが多い。たいていは一時的に心が休まるだけで、いつまでたっても心を完全に癒すことはできないだろう。

愛を失っても、立ち直って元気をとり戻す人はいる。でも、多くの人は絶望の底に沈んだまま抜け出せず、苦しみつづけることになる。愛を失った苦しみが頭から離れず、完全に心を開こうとしなくなる。また、たとえ立ち直ったように見えても、実際にはそうでないことがある。自分では、うまく乗り越えて前進していると思っても、心のドアは閉じたまま。苦しみを忘れようとして、急いでつぎの行動に出てしまっているのだ。その結果、感情が麻痺《まひ》し、ますます心を閉ざした状態がつづく。愛される幸せを支えに成長することもできず、心からの愛を感じないまま人生を送っていくことになる。

シングルに戻ったときの対応の仕方は、その先の人生を決定する。時間がたつのを待つだけでは、心の傷を完全に癒すことはできないのだから、正しい癒しのプロセスを学ぶ必要があるのだ。

傷ついた心が癒されるプロセス

確実に心を癒すには、傷が癒されるプロセスを理解しておく必要がある。それは骨折した手や足が治るプロセスとよく似ている。

人間には、折れた骨を自然に治す力が備わっている。自然の働きを妨げないかぎり、時間がたてば骨折は治る。しかも、治ったときの骨は以前より強くなっている。骨が折れたときは、折れた部分に手当てをし、ギプスで固定して自然に治るのを待つしかない。このとき曲がったままにしておくと、骨は曲がったままになってしまうからだ。また、ギプスの期間が短すぎても長すぎても、骨は強くなってくれない。

心の傷にも同じことがいえる。

もちろんいくら自然に治るといっても、ただ待っていればいいわけではない。心に傷を負ったとき、癒しのプロセス全体を理解していないと、自然に治る妨げになってしまうことが多い。

骨を折ったときは、Ⅰまず救いを求める、Ⅱ手当てをしてもらう、Ⅲ治るまでギプスで固定する、という三つのステップが必要になる。傷ついた心の治療もこれと同じように、Ⅰまず救いを求める、Ⅱ十分に悲嘆にくれる、Ⅲもとの自分に戻ったところで新しいつきあいを始める（＝完全に治す）、という三つのステップをふまなければならない。

心の傷を癒す三つのステップ

第一のステップ　まず救いを求める

たとえ接骨医でも、自分が骨を折ったら人手を借りることを考えるだろう。心が傷ついたときも、まず、ほかの人の助けが必要だ。心を癒すには、痛みを隠したり、忘れようとしたりしないで、苦しみを理解してくれる人たちと会ったり、話しあったりする必要がある。このとき、男性は相手の話を聞き、女性は相手に話を聞いてもらうのが効果的である。心を痛めているときには、他人のことばも受け入れやすくなるので、カウンセリングなどを受けてみるのもいいかもしれない。

しかし残念ながら、心の痛みをすぐに消し去る方法は見当たらない。だが、タイミングよく適切なサポートを受ければ、耐えられる程度に小さくすることはできる。そして、再び心を開いて、喜びとやすらぎを感じることができるようになるのだ。

第二のステップ――十分に悲嘆にくれる

救いが見つかれば、つぎは手当てのステップになる。骨折した部分がもとどおりにつながるような位置に、骨をセットし直すわけだ。砕けた心も同じように、もとどおりになるよう以前の位置にセットし直す必要がある。失った相手を思いだし、時間をかけて悲嘆にくれ、砕けた心を組み立て直すこと、これが癒しの第二ステップだ。

過去をふり返れば、もちろん、つらい心境になるだろう。だが同時に、愛し愛されていた日々を思いだすこともできる。これが傷を癒す助けになってくれる。幸せだった過去に感謝し、過ちを許せば、傷の癒しに必要な愛で心が満たされる。

ふられたり、裏切られた相手には、初めのうちは怒りのあまり、別離の悲しささえ感じないかもしれない。相手を許していないために、心が砕けたままなのだ。しかし、少し冷静に相手を見る気持ちになれば、必要なだけ悲嘆にくれることができるようになる。

ひどい別れ方をした場合も、悲しみを感じにくいかもしれない。そんなときは相手に出会った最初のころにさかのぼり、希望や夢を思いだして、それが実現しなかったことを悲しむようにすればいいだろう。

十分に悲嘆にくれるというプロセスをいい加減にすると、男性の場合は思いやりの心が薄れ、女性の場合は他人が信じられなくなることが多い。そのため、男性は新しい相手とつきあい始めても深入りできなくなり、女性のほうは傷つくのを避けようとして誰《だれ》とも深くつきあえないようになる。

どんな夜のあとにもかならず朝がくるように、十分に悲しんだあとには、ぽっかりと穴があいた心のなかにも愛がおし寄せてくる。

第三のステップ――完全に治す

骨折の場合、折れた骨がつながるまでギプスで固定する。それと同じく、心も完全にもとどおりになるまで、見守ってやる必要がある。新しいつきあいを始めるのは、それがすんでからのことだ。心の交流をもてるようになるには、前の欠けた部分を補っておかなければならない。自分はひとりでもやっていけると思うことができれば、そのときこそ親密な関係を築くチャンスなのだ。

一般に男性は、別れたすぐあとに新しい相手とのつきあいを始める傾向があり、女性は無意識のうちに恋愛を避ける傾向がある。しかし、新しいスタートを切るまえに十分に時間をとっておかないと、男性は相手に対して十分な愛情がもてなくなるし、女性は相手からの愛を素直に受けとれなくなってしまう。

2 苦しさの根源を知る

愛を失うほど苦しいことはない。それ以外の失望や悔しさなどは、愛があれば耐えることができる。何かを失ったり、拒絶されたり、失敗したりしても、自分を愛してくれる人のことを思いだすことができれば、心強くなり、気持ちを落ち着かせることができる。しかし、その愛を失ってしまうと、すべての苦しみを、そっくり背負わなければならなくなる。人間は、愛する人を失ってみて初めて、愛する人にどれだけ頼っていたかがよくわかるのだ。

愛する人と別れて感じる苦しみやむなしさは、想像をはるかに超えて大きい。悲劇的な死、離婚、恋人との破局のような別れのあとには、心が切り裂かれる思いをする。まるで急に麻酔をかけられたようになり、からだじゅうの細胞が「ちがう！　そんなはずはない。これは現実ではないのだ」と叫び声をあげる。そして、相手を失ったことを認めまいとする。悪い夢を見ていただけだ、夜が明ければ、すべてがもとに戻っているはずだと考えるのだ。

しかしすぐにそれが現実で、過去に戻ってもやり直せないことがわかる。そう納得すると夢から目ざめ、人生の冷たく不毛な海のなかで孤独を感じ始める。そして、麻酔がだんだんさめてくると、自分が苦しんでいることに気づく。

思いを断ち切ったり、別れを決断するのはやさしいことではない。それは相手への愛着が強いからだ。痛んだ心を癒すには、まず愛や、依存、愛着について理解する必要がある。

「愛」と「依存」と「愛着」が苦しみの元

わたしたちは家に帰ったときに迎えてくれる人や、行動を評価してくれる人や、真価を認めてくれる人や、自分を必要としてくれる人がいるとき、人生に意味と目的を感じることができる。わたしたちが最高の幸せを感じるのは、自分を大切で、貴重な存在だと思ってくれる人や、寂しさを理解し、成功を喜んでくれる人がいるときだ。

そして「愛」が深くなると、「相手の愛への依存度」も次第に高くなってくる。ほしいものを手にいれたい、もっとよい関係になりたいと望むだけで、相手への依存心が強くなる。愛されたいと思う気持ちは、外部の冷たい世界から自分を守るクッションになる。だから、誰かを愛すると、多くのことで相手に頼るようになる。

こうした依存の度合いが強まると、わたしたちの内部に大きな変化が起こる。どんな人でもいいから愛し愛されたいとは思わなくなり、ひたすら自分の思う相手だけを愛し、自分の思う相手からだけ愛されたいと思うようになる。

つまり、相手に対する「愛の依存」が生じるわけだ。そのうちに相手の愛への依存が、相手に対する「愛着」へと変わる。それは、「執着」といってもいいかもしれない。そして、同じことでも「あの人」がしてくれるのと、ほかの誰かがしてくれるのとでは、重みがまるで違うようになる。

それほど強い「愛着」をもった相手を失うと、もう二度と人を愛することができないと思いこんでしまう。愛することなど、なんの意味もないと考える。このどうしようもなさが、苦しみを何倍にも大きくする。傷ついた心を癒すには、この愛着を断ち切って、新しい愛を受け入れることができるように心を開く必要がある。ここで思い切って決断しなければ、ずっと苦しみを背負いつづけるか、心を閉じたままになりかねないだろう。

相手への依存度が強ければ強いほど、愛着を断ち切るのはむずかしい。しかし家族や友人から慰められているうちに、失った相手への依存度は低くなり愛着も薄れていく。そして、心はしだいに愛で満たされるようになり、やがて苦しみから完全に解放される。心が開かれ、新しい愛を感じることができる。

愛はどれも同じではないが、この新しい愛は、以前の愛と同じくらいあなたを満足させてくれるはずだ。

愛着を断ち切るテクニック

新しいスタートを切るには、かつての相手への「愛着」を断ち切るテクニックを身につけなければならない。前に向かって進むには、本来人間がもっている「愛されたい」という欲求を、かつての恋人ではない人からも感じとれるようにする必要がある。ここできちんと対応しないと、かえって愛着を強める結果になってしまう。

何かにしがみついているときに背中を引っぱられたら、しがみつく力を反射的に強めるだろう。これと同じで、相手への思いを断ち切る秘訣《ひけつ》は、流れに身をまかせることにある。

無理に離れようとすると、かえって愛着が強くなる。そのままの状態で、相手への愛をしのび、相手をどれだけ必要としていたかを知り、与えられていたすべてに感謝し、どれだけ相手をとり戻したいと思っているかを感じとることだ。

失った相手をそんなふうに思うと、初めのうちはますますつらくなるだろう。怒りや、寂しさや、恐れや、悲しさなどがこみあげてくるだろう。だが、それは一時的なもので、それを感じてこそ愛着を断ち切り、心を癒すことができるのだ。

愛着をうまく断ち切ったあとでも、相手のことを思いだすと、まだいくらかは悲しい気持ちになるにちがいない。しかし心が完全に癒されたとき、失った相手を思いだすことはもはや痛みではなく、魂の奥の友愛にも似た感情である。心は愛とやすらぎで満たされ、もういつでも新しい相手とつきあい始めることができる。

再び愛を見つける

妻や、夫や、恋人に死なれて苦しい気持ちになるのは、もう二度と人を愛することはないだろうと思いこむからだ。死別の場合は、愛の対象となる相手がいなくなるので、愛することと自体をあきらめようとする。心は閉ざされ、全身が苦しみに包まれる。これは愛する人を失ったからではなく、一時的に愛することを中断したからである。

離婚の場合も、これと同じことが起こる。相手が生きていても、望んだ関係は失われている。

生涯をともにするつもりだった相手は、消えてしまったのだ。悲嘆にくれて、立ち直らなければならない点では、相手が亡くなったケースと同じだろう。離婚のあとに感じるむなしさが、死別の場合と同じくらい切実なこともある。

しかし、相手が目のまえにいなければ、愛し愛されることができないと考えるのは間違っている。たしかに何年ものあいだ現実の相手を愛し、心の支えとしていれば、つながりを断ち切るのに時間がかかるだろう。

だが、たとえ触れることや、抱きしめてもらうことができなくても、その感触のすばらしさを思いだすことはできる。

相手は心のなかで、いつまでも生きつづける。相手の愛を思いだし、相手に支えられていると感じ、愛を与えつづけることができる。

あなたは「悲嘆にくれる」という癒しのプロセスで、相手がいなくても、心のなかで愛を感じつづけているのに気づくだろう。前途は思ったほど暗くはないのだ。やがて愛しつづけられることを知るだけでなく、それを毎日のように実感できるようになり、心は優しさに満たされるにちがいない。

3 「心」と「頭」の葛藤

心のスピードは頭のスピードよりずっと遅い。頭が光なら、心は音だろう。頭は準備ができて先に進みたがっても、心のほうにはかなりの時間が必要なのだ。心の傷をうまく癒すには、このスピードの違いを認識しておくことが必要である。

愛する人を失ったことに順応するには、心は頭よりずっと長い時間を必要とする。立ち直ったかと思うと、すぐにまたつらさが訪れる。このような感情の波は、癒しに必要なプロセスなのだ。心の痛みは、ワンステップで消えることはない。まだ、くすぶっている感情が、潮の満ち引きのようにくり返され、そのたびに少しずつ消えていく。

しかし、ほとんどの人は、癒しのプロセスが終わるのを待たずに先に進みたがる。なんといっても、わたしたちは苦しむのが嫌いなのだ。苦しみから逃げようとするのは当然だし、人生の対処法としては健全だろう。「愛のサバイバル」の重要なルールのひとつは、苦しみを避け、喜びを見つけることにある。

だから心が苦しくなると、頭はいうだろう。

「もう苦しむのはやめようよ。そんなものを引きずっていて、何になるんだ？　前に進もうよ」

普通の場合なら、これでもいいかもしれないが、心がうまく機能していないときは問題がますますこじれてしまう。なぜこれほどまでに心が苦しいのかを理解して、それを処理して進む方法を知らなければ、苦しさは耐えられないほどのものになる。

愛する相手を失ったとき、わたしたちはその苦しさから、なんとか逃れようとする。でも、苦しみから逃げるのが早すぎると、癒しのプロセスが順調にいかなくなる。目先のやすらぎだけを追い求めると、かえって傷は治りにくい。

怒り、痛み、むなしさ、わびしさの波がやってくるたびに抵抗していると、一時的にはやすらぎが得られても、苦しみから完全に解放されることはない。そのような感情から抜け出そうとしてもがけばもがくほど、その感情にとらえられて、またもや波のなかに引きずりこまれてしまう。こんな意味のないくり返しを止《や》めるには、癒しのプロセスを理解して重要性を認め、心を癒すために十分な時間をとるしかない。

自分から別れを切り出した場合でも、悲しみや喪失感を感じるのはふしぎではない。別れのあと、頭のほうは先に進む準備ができているので「終わってよかった。これから本当の愛を探そう」と考える。しかし、心のほうは「とても悲しくて寂しい。もう二度と愛されることも、幸せになることもないのかもしれない」と思うかもしれない。

もちろん頭のなかで問題を解決し、「もういいや。人生はこんなものなんだ。これでいいんだよ」と、信じられるようになるのが第一段階だ。これを強力な土台にして、第二段階では、まだ心では感情がくすぶっているのを認識し、そこから解放されるようにしよう。これには時間がかかるが、それができれば癒しのプロセスは完結する。問題を客観的・積極的に見ることが、立ち直りを助けてくれるのだ。

残念ながら多くの人は、このプロセスの大切さを理解しない。頭が新しい環境に適応すると心が追いつくのが待てなくなり、必要以上に早く先に進もうとする。男性も女性も、このプロセスを急ごうとするのは同じだが、やり方には違いがある。苦しみへの対処方法のなかでよく見られるスタイルについて、女性のほうから紹介しよう。

女性の「心」と「頭」のタイムラグ

女性は愛する人を失った痛みから逃げるために、もう愛は必要ないと思いがちである。愛を信じたり、愛に依存しないでおこうと考えて、苦しみから自分を守ろうとする。彼女たちがいちばんつらい思いをするのは、見捨てられたと感じたときだろう。身も心も捧げた相手を失うことが、耐えきれないのだ。

女性は自分の感情を分析しないまま苦しみから逃げようとすると、必要以上に自立しようとしたり、他人に必要以上のものを与えたりしてしまうことがある。

必要以上に自立するというのは、他人の慰めやサポートを必要としないかのように振る舞うことだ。誰かと親密になるなど、とんでもない。

女性は捨てられたときに悲しまないですむように、最初から親密な関係になることを拒否してしまう傾向があるのだ。

他人に必要以上のものを与えるというのは、自分のことより他人のことを優先することである。これは、自分の要求を感じないようにするための手段にすぎない。たとえば子どもやボランティアに没頭し、一時的にむなしさや苦しみから逃れようとする。他人の役にたつのは、もちろんよいことだ。だがこのような行動は、心の傷を癒そうとする女性の場合、癒しの妨げになる。

十分に悲嘆にくれなければ、癒されないのだから。

いちどやけどをすると、火のそばに近寄るだけで、やけどの恐怖を思いだす。それと同じように女性は、誰かに愛着を感じるのではないかと考えただけで、別れたときのむなしい気持ちや悲しみといった感情を思いだす。それが嫌なので、もう誰も信じないでおこうと決心して、傷ついたり、見捨てられたり、裏切られたりすることから自分を守ろうとする。

女性における、ちぐはぐな「心」と「頭」

それでは女性が愛する人を失ったとき、どのように感じ、それを払いのけるためにどのように考えるのだろうか。たしかに頭で考えることは、理屈としては正しいかもしれないが、傷ついた心を癒す助けにはなってくれないということがわかるはずだ。

●心がこう感じるとき……	●……頭はこう考える
ひとりでいるのはたまらない。誰かに愛され支えられたい。	現実を受け入れて、ほしいものは自分で手にいれなきゃ。他人に頼るから弱気になってしまう。
もう何をしてもだめ。すごく孤独だし、誰も理解してくれない。それに気にかけてくれる人もいない。時計の針をもとに戻したい。	愛なんて、それほど必要なものではない。これまで他人に与えてきたんだから、こんどは自分の番。自分のことだけ考えて前進しなきゃ。新しい人生は目のまえ。

もうわたしに合う人にめぐり会えないような気がする。愛されることも、強い腕に抱かれることもなく、死ぬまでひとりぼっちなんだ。

だからこそ、自分で自分の面倒がみられるようにしなければいけないんだ。他人をあてにしちゃいけない。もっと強くならなきゃ。

こんなことになって悲しい。すごく後悔している。なんとか防げればよかったのに。人生は不毛。

自分ではなく他人のことを考えよう。忙しければ、よけいなことは考えないはず。

もう頭にきた。こんなひどいことになるなんて、冗談じゃない。こんな不当な扱いにはがまんできない。

人とのつきあいに期待しすぎ。自分の面倒だけみよう。貪欲《どんよく》にならなければ、そんなに傷つくこともないんだから。

すごく傷ついた。信じていたのに、いつまでも愛するといってたのに、見捨てられたのはつらい。どうして、わたしを捨てたの

愛を失うのはとてもつらい。もう相手に不用意に愛着をもたないように気をつけよう。そうすれば、二度と傷つくことはないだろ

かしら？
恥ずかしい。もっと魅力があれば、こんなことにはならなかったかもしれないのに。わたしは価値のない女なんだ。

うから。人を信じすぎてはいけないんだ。

そんなふうに思ってはだめ。自分を愛し、自分の人生を歩むこと。できることはたくさんある。もっと不幸な人だっているんだから。

　これを見ても、心はまだ悲しんでいるのに、頭が先に進もうとしていることがわかる。もう迷いのなくなった頭は、理詰めで心を急《せ》かそうとする。しかし、心の傷を癒そうとする女性は、安易に手近なやすらぎを求めてはいけない。

　意識して自分のための時間を使い、心を開き、ほかの人たちのサポートを求めなければならない。

　今は、他人のことを考える場合ではなく、自分の要求を優先するときだ。すでに築かれている関係から抜け出すのでなく、手を広げて、他人に自分を救ってもらうようにする必要があるのだ。

男性の「心」と「頭」のタイムラグ

男性はまず、手近な解決法を探そうとする。苦しければ、それをとり除くためにてっとり早くできそうなことをする。必要以上に仕事に没頭するとか、別の相手とつきあい始めて、苦しさをまぎらわそうとする。相手と別れたあと、すぐにつぎの交際を始める男性が多いのは、このためだ。

男性は愛を失ったことが問題なら、また愛を見つければ問題が解決すると考える。しかし、新しい相手を見つけたからといって、別れた相手に未練がないわけではないのだ。場合によっては、失った悲しみが大きければ大きいほど、急いで別の関係を求めようとする。これは無意識のうちにとる行動だが、事態はさらに悪くなるだろう。

心の痛みを治す方法を本能的に理解している男性は、ほとんどいない。男性の哲学の多くは、仕事上の問題の解決には役だっても、傷ついた心を癒す助けにはならない。自分の感情を心の底からさらけだすことが、心を癒す条件だということをわかっていない。心の傷を癒すには、自分の自然な衝動に、より高い理性や、洞察力や、見識をもって対応する必要がある。

男性の場合はあせって別の相手と、深い関係にならないようにしなければならない。もちろん本人も新しい彼女も、男性が別れたばかりで普通の状態でないことを知ったうえでなら、デートに慰めを求めてもかまわないだろう。

それでも何か月かたって心が癒されると、男性の気持ちが変わってしまうことがある。だから急いで何かを約束したり、一対一の関係になったりすることは勧められない。特定の女性に深入りしないためには、二、三人の相手とデートするのがベストだろう。ひとりの相手に愛着をもつことは、癒しのプロセスの妨げになる。

男性における、ちぐはぐな「心」と「頭」

男性は頭で問題を解決したとき、無意識のうちに心の癒しのプロセスに抵抗する傾向がある。問題の解決に役だっても、癒しに役だたない処方箋《せん》をいくつか見てみよう。

●心がこう感じるとき……	●……頭はこう考える
とてもつらくてたまらない。ひどくむなしい気がする。	とにかく歯をくいしばって前進するんだ。世界が終わったわけではない。
もう、何をしてもだめだ。どうすればいい	現状を変えることはできない。ただ現実を

のか。このまま、ただ降参したい。もとに戻れないのかもしれない。人生はめちゃくちゃだ。

受けとめ、先に進むだけだ。そんなに心配するな。やらなければならないことをするんだ。

もう愛を見つけることはできないのかもしれない。また最初からやり直しだ。失ったものが大きすぎる。これ以上悪くなったらどうしたらいいんだろう。

騒ぎすぎだ。そんなにたいしたことじゃないだろう。早く忘れて、自分の人生を確信をもって歩むんだ。

後悔してる。悪いことをしたよ。あんなことさえしなければよかったんだ。頼むから、もういちどチャンスをくれ。

完全な人間なんていない。今、できることは何もないだろう。チャンスを待って前進しろ。

もう頭にきた。こんなのは不公平だ。誰も信じられないよ。

何を気にしてるんだ。もう自分のことだけ考えろ。悲しむ必要はない。

とても傷ついた。いつまでも愛するって約束したじゃないか。どうして捨てたんだ。
——子どもみたいなことをいうな。大人になれ。ちゃんと対処できるはずだ。やってみろ。

とても怖い。望みはない。二度と幸福になることはない。もはや絶望だ。
——済んだことはしかたがない。ずっと引きずって生きていくつもりか？　黙って受け入れるしかないよ。

とても恥ずかしい。こんなことは、起きないようにしなければならなかったのに。
——しかたがない。そういう運命だったんだから。あきらめて立ち直るんだ。

これを見てもわかるように、心で感じることを頭のほうは認めない。頭で考える内容は、友人の忠告と見ることもできるだろう。しかし、同情してくれる友人たちでも、えんえんと悩みつづける姿を見れば、いいかげんに気持ちを切りかえろというかもしれない。

頭も友人も、癒しに時間をかけすぎると悪い結果になると考えている。わがままをいうなと思っているかもしれない。悔やんでもしかたのないことなのに、悔やんでいるように見えるのだ。頭は苦しい感情が反復されることで、癒しのプロセスが進むことがわかっていない。頭のほうが立ち直って先に進む準備ができたときにも、心にはまだ数か月を必要としている。

正しく対応し、十分に時間をとれば、いつか絶望の暗闇が晴れ、心に愛と喜びの光が戻ってくる。癒しの時間が必要なことを認識するのは、非常に重要な条件だ。別れた相手とのあいだに愛情や支えがなかったとしても、別れたときには、やはり心を癒す必要がある。

4 「癒し」とはどっぷりと悲嘆にくれること

心の傷を癒すために「悲嘆にくれる」というのは、別れにつきまとう苦しい感情を十分に感じとり、その感情から解放されるプロセスのことだ。実際はこのプロセスは自然に訪れる。しかし、わたしたちは知らず知らずのうちに、このプロセスを無視しようとする。前にのべた「悲しむ時間を十分にとらずに先を急ぐ」というのは、その代表例である。このほか癒しを妨げる要因に「感じとるべき感情を無意識のうちに押し殺す」という行動もある。

愛する人と別れたとき、「寂しさ」や「悲しさ」を感じるのは当然だが、「悲嘆にくれる」ためには、このほかにも必要な感情があるのだ。

「癒しの感情」は四種類ある

失った相手に対する愛着を断ち切るには、「怒り」「寂しさ」「恐れ」「悲しさ」という四つの「ネガティブの感情」をまず感じとることが必要だ。その感情から解放されることによって癒される。怒りや寂しさが消えないときは、心のどこかに、まだ相手への愛着が残っている。そして恐れや悲しさが残るときは、心がまだ過去にしがみついている。

傷を癒すには愛着を断ち切り、心を初期の状態に「リセット」しなければならない。

それでは、四つの感情のひとつひとつを見ていこう。

第一の癒しの感情——怒り

まず「怒り」の感情は、わたしたちに心を探る機会を与えてくれる。いったい「起きてほしくない何が起きた」のだろうか。

望みどおりにならなかったと思う気持ちが「怒り」をかきたて、「起きたこと」に対応しろという警告信号を発信する。愛する人を失ったとき、この「怒り」の感情を押し殺すと、いつまでたっても気がぬけた状態がつづき、愛や人生への情熱を感じとることができなくなる。

十分に「怒り」を感じとれば、過去への愛着が断ち切れ、特定の対象に縛られない新しい欲求を感じとれるだろう。そうすれば、愛や信頼関係を見つけようとする本能が目ざめ、すべての可能性に心が開かれる。「特定の相手の愛」でなく、「愛」がほしいと思えるようになるだろう。

第二の癒しの感情｜寂しさ

「寂しさ」も、わたしたちに心を探る機会を与えてくれる。いったい「何が起きてほしかったのに、起きなかった」のだろうか。この「起きてくれればよかったのに」と思う気持ちが「寂しさ」なのだ。

愛する人を失ったとき、この「寂しさ」を押し殺すと、いつまでたっても「起きてほしかった」ことを期待しつづけ、「起きてほしい」ことに目が向かない。

十分に「寂しさ」を感じとれば、何が起きて、何を失ったのかが少しずつわかるようになる。そして、現在の自分がもっているものの価値を認め、感謝し、愛することができるようになる。

このように、ほしいものが手にはいるという自信がつけば、特定の相手への愛着を断ち切り、「特定の相手の愛」から「愛の期待」にシフトできる。

第三の癒しの感情――恐れ

「恐れ」は、わたしたちの心を探って、自分が何を心配しているのかを教えてくれる。それは「起きてほしくないのに、何が起こりそうか」ということだ。だから「恐れ」の対象は、これから何が起きるかではなく、「何が起きてほしくないか」ということになる。

十分に「恐れ」を感じれば、自分の弱さを自覚して、今何が必要で、何に頼れるかがわかるだろう。すると心が外に開かれて、勇気と感謝で満たされる。そして、もっていないものでなく、今手にはいるものを望むようになる。もういちど愛を見つけようとする力と決意が生まれれば、「特定の相手の愛と支え」でなく、ただ「愛され、支えられる」ことを望むようになるだろう。

第四の癒しの感情――悲しさ

最後の「悲しさ」は、わたしたちの心を探って、自分が何を期待しているかを教えてくれる。それは「起きてほしいのに、何が起きそうにないか」ということだ。起きてほしいと期待したのに、それが起きないと認めることが「悲しさ」である。この認識がなければ、愛着を捨てることはできないだろう。

十分に「悲しさ」を感じとると、過去の望みを捨てて、新しい望みを見つけられるようになる。「不可能なこと」がわかれば「可能なこと」を理解し、癒しに必要な慰めを受け入れることができる。やがて、もういちど新しいスタートを切ろうという気持ちが芽ばえてくる。そして「今ここで特定の相手に愛されたい」と思うのでなく、ただ「愛されたい」と思えるようになる。

以上四つの癒しの感情を、意識的に十分に感じとらなければ、心を癒すことはできない。四つのうちのどれが欠けても、癒しの進行が遅れたり、まったく癒されなくなったりする。頭は心に、どの感情も感じとれるよう働きかける必要がある。四つの感情はどれも重要である。普通は、「怒り」「寂しさ」「恐れ」「悲しさ」の順に感じることが多い。しかしこの順序は、人や状況によってさまざまだろう。

5　否定的な考えから抜け出す方法

「怒り」「寂しさ」「恐れ」「悲しさ」という否定的な感情を、ただぼんやり感じているだけでは苦しみはますます深くなる。流砂に足をとられるように、逃げようとすればするほど深みにはまりこんで、身動きがとれなくなってしまう。この苦しさを何度か経験するうちに、否定的な感情をなんとかして遠ざけようと思うようになる。

たしかにそうすることで、一時的に苦しさを軽減できるかもしれない。だが、それでは前向きな気持ちを感じとる力が、だんだん弱まっていくだろう。

小さな子どもには、感情がみなぎっている。めいっぱい喜び、めいっぱい愛を感じることができる。わき上がる感情を、そのまま感じとれるのだ。その力を、大人は多かれ少なかれ失っている。つらいことや悲しいことに対処しているうちに、否定的な感情を避ける習慣が身につき、いつのまにやら、「愛」「喜び」「感謝」「やすらぎ」という肯定的な感情を十分に感じとれなくなってくる。

否定的な感情を避けるのは、そこから抜け出せなくなりそうな不安があるからだ。ところが避けているだけでは、逆にいつまでたっても抜け出せないだろう。これから具体的な例をあげて説明しよう。

わたしが体験した「怒り」の感情

わたしが四つの否定的な感情にバランスをとる必要があると気づいたのは、一八年まえの映画館でのことだった。そのとき客席で、友人に勧められたホラー映画が始まるのを待っていた。ホラー映画ファンでなかったわたしは、不安な気持ちでいっぱいだった。

館内は連れの女性とふたりっきりだったが、上映直前にカウボーイハットをかぶった背の高い男がはいってきた。いくらでも席があるのに、こともあろうに彼はわたしたちのすぐ前の席に座ったのだ。「なんと失礼なやつだ」と、わたしは猛烈に腹がたった。長身の男はわたしたちの迷惑になるとは知らずに座ったのだが、わたしはそれに気づかなかった。

席を移ってほしいと頼めばすむことだったが、当時のわたしはそんな度胸がなく、三、四分間がまんしたあとで反撃にでた。ふたりで男のすぐ前の席に移動したのだ。しかし彼は、何が起きたのかさえわからなかったのである。

このとき、わたしが自分の心の変化を知った。その男に怒りを感じて行動を起こし、ほっとした気分を味わっているうちに、さっきまでの不安がすっかり消えてしまっていた。そこでわたしは、不安を感じるたびに怒ってみた。すると、すぐに不安が消えて、心が落ち着いたのである。つまり怒りを表にだして、「恐れ」とバランスをとれば不安が消えたのだ。

このような経験から、わたしはカウンセリングにくる人たちが、否定的な感情をどのように抑えているかを注意して見るようになった。

なかには泣くこともできず、怒ってばかりいる人がいた。その逆に怒ることができず、泣いているだけの人もいた。「寂しさ」や「怒り」を感じる時間を十分にとらなかったために、恐れと不安で身動きがとれなくなっている人もいた。恐れに立ち向かわなかったせいで、悲しみにとらわれたまま、誰も愛せなくなっている人もいた。

この人たちは過去の経験のせいか、まわりを気にしたのか、感情をきちんとあらわさなかったために、かえって否定的な感情から抜け出せなくなっていたのである。わたしはその原因が、四つの感情のバランスがとれていないことにあると気がついた。バランスがとれていれば、「怒り」「寂しさ」「恐れ」「悲しさ」という否定的な感情が、「安心感」「平穏さ」「愛」「理解」「許し」「信頼」という肯定的な感情に自然に変わるはずだ。

なにかひとつの感情にとらわれている人はとくにそうだったが、ほとんどの場合、意識を別の感情に移行させると、すぐに心が落ち着いたのだ。

「怒り」や「恨み」から抜け出せない〜トムの場合

トムは離婚して、すっきりした気分になった。自由になれてほっとしたのだ。結婚生活はいらいらの連続だった。何をしても妻は満足しなかった。いうことなすことが、すべて裏目にでた。

「とにかくうるさくて、やっていられませんでしたよ。結婚って楽しいはずのものでしよ?」とトムはいった。

離婚後のトムは、また生活を楽しみ始めた。聞きたい音楽を聞き、食べたいものを食べ、見たい映画を見にいった。デートも始めた。だが、新たな女性と真剣なつきあいになり始めると、逃げ腰になったのだ。出会った女性がすべて、別れた妻のようにうるさいことをいいだすように思えたからだった。

別れた妻には幸せになってもらいたいと思っていたが、それでも彼女の話になると、怒りがこみあげてきた。努力を認めてもらえなかったことに恨みがあったのだ。

自覚はなかったが、トムは自分の「怒り」から抜け出せなかったのだ。そして、何度も別れては、別の女性を探すくり返しになった。

トムはくったくがない、陽気で、満足してくれる女性を求めた。自分のように、ものごとを気にしない人がいいと思っていた。それが一方的な期待だと意識していなかった。彼自身が要求の多い人間になっていることに気づかなかったのだ。が、それはすべての女性関係に影響した。ある程度の深いつきあいになると、きまって「怒り」を感じるようになっていた。

しかしカウンセリングで、自分の期待が非現実的で一方的なことに気づき始めた。トムは、同じことでも男女では受け取り方が違うので、その違いを認めなければ、愛のある関係は築けないということを学んだ。相手が女性でも、ときに「怒り」の感情をぶつける必要があることを、理解できるようになったのだ。それでも、相手が気を悪くしているように見えると、彼は動揺した。頭では順応できるようになっても、心では順応できなかったからだ。

原因を探ってみた。トムは結婚が失敗に終わった六年まえに、十分に悲しんでいなかったことがわかった。別れてほっとしていたので、心の傷を治さなければならないとは思ってもみなかったのだ。当時はある程度の「怒り」は感じたが、寂しさや悲しさまでは感じなかった。

しかし、別れた妻と会ったころのことを意識して思いだすようにしたら、いくらかの寂しさと失望を感じるようになったが、ほかの感情のほうはまだ閉ざされていた。そこで、過去にショックを受けたことがなかったかと聞くと、彼は父親を亡くしたときのことを思いだした。それはトムが一二歳のときのことだった。

父親の死因は交通事故だった。母親とトムは大きなショックを受けた。葬式でトムは親しい人から、ママのために強くならなきゃだめだといわれた。そこで彼は涙をこらえ、悲しさを見せないように必死でこらえた。そして、母親の重荷にならないように明るく振る舞ったのだ。

その当時を思いだし、意識して癒しの感情を感じるようにしたところ、トムはしだいに子ども時代に痛めた心を癒せるようになった。過去にある感情が押し殺されると、重しがとれるまで、その感情を十分に感じとることはむずかしい。

トムは大人になっても、相手が寂しさや失望を感じることに耐えられなかった。それはトム自身の心に、まだ寂しさや失望が消えずに残っていたからだ。寂しさや悲しさを自分から感じようとして初めて、相手の失望感に耐えることができるようになる。トムは少しずつ自分の期待を修正し、ときには相手にも怒ったり悲しんだりする必要があることを理解し始めた。そして、身がまえたり、相手に多くを要求したりすることも、だんだんと少なくなった。

「怒り」の深みにはまりこむと何が起こるか

「寂しさ」「恐れ」「悲しさ」を感じることができなければ、「怒り」の感情から抜け出せなくなることが多い。男性は「男は強くあるべき」という社会で育っているので、とくに寂しさ、恐れ、悲しさを感じることに抵抗がある。その反面、怒ることには、それほどの抵抗がないのだ。

このため、怒り以外の否定的な感情を感じるまでに時間がかかり、やっと感じとれるようになったときには、一生分とも思われるほどの苦しみをいっきに受けることになる。これを癒すのは容易ではないが、十分に悲嘆にくれることさえできれば、そのあとは社会的な条件に左右されず、いつでも寂しさ、恐れ、悲しさを感じとることができるようになる。

恐れや悲しさを感じているとと認めたり、口に出したりできないと、人を思い切り愛したり、素直に愛を受けとめたりすることもできなくなる。相手と別れた男性が、寂しさ、恐れ、悲しさを感じていると認めなければ、そのあと、誰とつきあっても多くを求めすぎたり、身がまえたり、おざなりになってしまったりすることが多い。

関係が親密になったと感じたとたん、押し殺していた寂しさ、恐れ、悲しさが浮かびあがる。そして無意識のうちに、こうした感情に立ち向かうのを避けるようになる。必要なものを手にいれる力がないと感じて、自分の気持ちがわからなくなり、人と本格的につきあう自信を失ってしまう。そして、以前と同じように否定的な感情を押し殺し、自分の間違いに気づかないまま、ますます多くを要求する。相手に過度に反応し、あげくのはては、冷淡な態度をとるようになるのだ。

「寂しさ」と「恐れ」から抜け出せない〜メアリーの場合

メアリーは三八歳だった夫のリチャードを心臓発作で亡くした五年後に、カウンセリングにやってきた。彼女はまだ沈みこんでいた。彼のいない人生はむなしく、なんの喜びもないという話だった。何年たっても、別離の悲しみを吹っ切れなかったのだ。ほかの人とつきあうことなど、考えられもしなかった。若いころに父親を亡くした彼女にとって、夫の死は背負いきれないほどの苦しみだったらしい。

それまでのメアリーは、怒ることを考えてみたこともなかった。そんな冷たいことは、とてもできないと思っていた。しかし、カウンセリングをきっかけに怒りを感じることができるようになり、最後に寂しさと恐れから解放されたのだ。

何年ものあいだ、寂しさ、恐れ、悲しさだけを感じて、そこから抜け出せなかったメアリーが、父や夫を奪ったことで神にさえ怒りを感じるようになった。そして怒ることで、また愛と人生への情熱を感じだし、もういちど、誰かとつきあおうとする勇気が生まれたのだ。それまでは「恐れ」のために、怒ることができなかったのである

「寂しさ」「恐れ」「悲しさ」から抜け出すにはどうするか

怒りを感じることができないと、「寂しさ」「恐れ」「悲しさ」の感情から抜け出せなくなる傾向が強い。とくに女性が怒りの感情を認めたがらないのは、女性は「ノー」といったり、怒ったりしてはいけないという誤った考え方で育てられてきたからだ。

傷ついた心を癒すには、まずこの枠をとり払い、どんな感情でも表にだすことができるようにしなければならない。怒ってもいいと自分にいい聞かせなければ、もういちど愛を信じることはできないだろう。

女性が相手と別れたとき、怒りを感じないまま、「寂しさ」「恐れ」「悲しさ」といった否定的な感情ばかり感じているとバランスがくずれ、否定的な感情がずっと消えずに残る。そして、少しでも誰かとつきあうことを考えると、この感情がよみがえる。女性は、それが嫌で、新しいつきあいに消極的になることが多い。しかし怒ることで、もやもやが解消し、力がみなぎれば、くすぶっていた感情も消えていく。

隠されている感情を探す

一般的にいって、女性は攻撃的な感情を表にだすことはむずかしく、男性は否定的な感情を感じとることがむずかしい。しかし、この違いは生まれたときからあったわけではない。喜びや悲しさを感じとる力は、性別でなく、親や、社会や、幼少時の経験に大きく左右される。四つの癒しの感情を感じとることは、つらい別れに出会った男性にも女性にも必要である。

カウンセラーとして見ると、男性でも女性でも、四つの癒しの感情のそれぞれを等しく経験したときに、心を癒す効果がもっともあがることがわかる。それなのに多くの場合、たとえば怒りや悲しさのような、いちばん簡単に表現できる感情が、そのほかの感情を押し隠してしまう。つまり、あらわれている感情はいわば氷山の一角で、その下には多くの感情が隠されている。

この隠されている感情を探ってみないと、心の癒しも進まない。過去にさかのぼって、別れた当時、十分に感じなかったつらい感情を掘りおこせば、苦しさから完全に解放されることが多い。癒しの感情のすべてを感じとることができれば、あとはなんの障害もなく、心の奥にあった肯定的な感情、愛、理解、許し、感謝を感じとれるようになる。

「悲しさ」や「自分への哀れみ」から抜け出せない〜ダナの場合

ダナは結婚一二年目に離婚した。若い秘書を選んだ夫のレックスに捨てられたのだ。それから一〇年以上、彼女は独身を通してきた。別れた夫の話をする彼女の声には、自分を哀れむような絶望感があった。いまだに気持ちの整理がつかなくて、新しい人生に踏みだすことができなかったのだ。

彼女が抜け出せないのは「悲しさ」だった。心の底では、自分には愛される資格も、価値もないのだと感じていた。二度と誰からも愛されないのではないかと恐れを感じていたのである。

このダナの「恐れ」は、否定的な感情のほとんどがそうであるように、間違った思いこみから生まれている。このような思いこみを修正するには、まず、その否定的な感情を感じとる必要がある。ダナの場合は自尊心が強すぎるため、自分が愛されるに値しないのではないかという恐れを認めようとしなかった。

彼女はカウンセリングの場で、レックスとの愛を思いだした。レックスをどれほど愛していたか、ふたりで過ごした時間がどれだけすばらしかったか、彼を失ってどれだけ傷ついたかを思いだしたのだ。そこで彼女は、「寂しさ」を意識的に感じとれるようになった。そして寂しさを感じているうちに、自分のなかに、もう二度と愛されないのではないかという強い恐れがあることに気がついた。彼女はまた、誰かを信じて傷つくことを恐れていた。

わたしは恐れを感じとれるようになった彼女に、過去にも恐れを感じたことはなかったかをたずねてみた。ダナは子どものころに、父親が母親をどなりつけて冷遇していたことを思いだした。彼女に対してはそんなことはなかったが、いつか自分もどなられるのではないかと不安だったという。そこで父親を怒らせないように、いい子でいようと努力した。思うままに感情をむきだしにしたり、自由に振る舞ったりしたら、父親の愛を失って罰されるだろうと心の底で思っていた。

ダナは父親に、なかなか怒りを感じることができなかった。彼女にとって、それほどひどい父親ではなかったからだ。しかし彼女は、自分らしく振る舞える環境がなかったことで、父親に怒りを感じるようになった。父親はダナがどんな娘で、何を感じ、何を望み、何を必要としているのかを考えてくれたことがなかったのだ。そのことに意識的に怒りを感じるようにした結果、彼女はやっと恐れから解放されたのである。


この三人の実例では、過去の条件にとらわれるあまり、四つの癒しの感情のそれぞれを、十分に感じとれなくなっていたのである。癒しの感情を阻害する要因には、この過去の条件以外にもさまざまなものがある。

6 「いい別れ」が「新しい愛」をつれてくる

「さあ、いっしょになろうよ。それで、二、三年楽しく過ごしたら、あとはけんかをして別れようじゃないか」

こんなふうに予定して、恋に落ちる人はいないだろう。恋が始まるときは、永遠につづくように思われる。だが実際には、そうでないことが多い。そして両方か一方が、心に傷を負うことになる。別れのあとに、しっかり悲しむことができるかどうかによって、その先の人生が決定される。それでも別れの理由や状況がさまざまなために、個々のケースに合わせた細かい対応が必要になる。「いい別れ」をすると、つぎの恋愛もうまくいくだろう。

悲劇を十分に悲しむこと

わたしの悲しい体験を披露しよう。わたしは新婚旅行中に、父が死んだという連絡を受けた。驚き、怒り、恐怖のすべてがいちどに襲ってきた。それまでに多くの相談相手の悲劇を切り抜ける手助けをしてきたが、自分自身が悲劇に見舞われたのは初めてだった。この苦しみは、一生消えることがないだろうとさえ思われた。

父は車に乗せたヒッチハイカーに金銭を奪われ、車のトランクに閉じこめられて、数時間後に熱射病で死亡した。葬儀のあと、わたしは父がどんな経験をし、どんな気持ちだったかを知りたいと考え、母や兄弟が見守るなかでトランクにはいり、外からふたを閉めてもらった。

横になってみると、なかは思ったよりも広かった。ふたの裏側に父がドライバーでたたいた跡が見えた。誰かに気づいてもらおうと、ずっとたたきつづけていたのだろう。フックにも、こじ開けようとした跡があった。片側のテールランプは、ケースが引きぬかれていた。外の空気をいれようとしたのだろうか。わたしはなにげなく、その穴から手をだしてみた。すると、外にいた兄がいった。

「そのまま手をまわしたら、ボタンまで届かないかい？」

わたしは腕をのばして、外側のボタンをおした。トランクのふたが開いたのだ。

わたしたちは茫然とした。これを思いついてさえいれば、父はまだ生きていたのだ。なんとかしてトランクからでようとしている人間が、どうしてそれに気づかなかったのだろう。少なくとも、わたしは気づかなかったのだ。しかし外にいた兄が、ボタンに気がついたのである。父はそれを知らなかったために、死んでしまったのだった。

父の死後、何か月かの間、わたしはこの強盗事件や、父が受けた仕打ちにたいする怒りの感情の処理をつづけた。父がもういないという寂しさも感じていた。自分があのトランクに閉じこめられて死んだらという恐れも感じ、父をとり返せないことや、父の苦しみを防げなかった悲しみも実感した。

そのとき、癒しのプロセスを進める助けになったのは、家族や友人に支えられたり、ワークショップに参加して同じような経験をした人たちの話を聞いたり、自分の話を聞いてもらったりしたことだった。これは苦しみを呼びおこすと同時に癒す作業だった。痛みを癒すには、まず、それを感じることが重要だったのだ。こうして少しずつ心を締めつけていた苦しみが薄れ、父を思いだすことがつらくなくなってきた。傷を癒すために必要なことがわかっていたから、つらくても事件の話を聞いてもらうようにした。

するとそのうち、父からの愛と、父への愛を感じとることができるようになった。これは心が完全に癒された証拠だった。過去を振り返ったとき、苦しむことなく愛を感じとることができれば、癒しのプロセスは完了している。いまでも、父のことや父の死について考えると、わたしの心は愛と平和で満たされる。この経験が自分をこれほど成長させるとは、想像もしていなかった。

愛する人を亡くしたときの癒し方

愛する人を悲惨な事故で亡くしたときは、苦しみが永遠につづくわけではないことを知っているかどうかが大きな分かれ目になる。傷が癒《い》えるプロセスがわかっていないと、悲しみこそが失った人への愛だと誤解してしまう。この誤解があると、気持ちを楽にしたいとか、幸せになりたいと思うのは、失った人への愛が足りないせいだと感じてしまうのだ。

それればかりか、ほかの誰かを愛するのは、死んだ妻や夫を裏切ることになるとさえ考える。このように考えると、自然に癒えるはずの傷も癒えずに、いつまでたっても気持ちの整理をつけるチャンスはめぐってこない。

心を完全に癒すには、その誤解を捨てて、幸せになろうと決意する必要がある。心が癒されれば、愛する人のことを思いだしたときに、苦しさでなく、温かい愛や感謝の気持ちを感じるだろう。

永遠につづく悲しみは、不滅の愛のあかしではない。それは治療の必要な病気にかかっているしるしなのだ。生まれつき、愛のない人生を送るようにできている人はいるはずがないだろう。心に傷を負ったまま生きつづけるのは、どんな死よりも悲劇的である。

わかっていても、やはり苦しみに足をとられるかもしれない。だが、そのたびに感じとるべき感情を探してみれば、いつかはそれが見つかるにちがいない。

誰にでも備わっている心の傷を癒す力

わたしたちには自分の傷を治す力が備わっている。しかし、ひとりで自分の傷を癒すことはできない。接骨医が骨折したら、どうすべきかわかっていても、やはり、ほかの専門医の治療を受けるだろう。同じく心が傷ついたときも、経験のある人の手助けや、思いやりのある支えを求める必要がある。

たとえば、ワークショップなどの集まりで、怒りを爆発させる人の話を聞くと、自分のうちにあった怒りの感情が目をさます。感傷的な映画を見るとどっと涙があふれ、心が慰められるのと同じかもしれない。これは絶望感の表れや自己を哀れむ涙ではない。気持ちを軽くしてくれる涙なのだ。

とくに癒しの初期段階では、誰かの前でどんなに傷ついたかを話すことが大切である。共感してくれる人がいれば、苦しみに耐えるのも楽になるだろう。そして、誰かに打ち明けることで、苦しみは薄れていくだろう。

愛する人を失ったときは、状況によって克服しなければならない困難が違うため、それぞれに合った対策が必要になる。

「悲しみ」から逃れられない～キャロルの場合

たとえば、夫のスティーヴを自動車事故で失ったキャロルの場合が、その一例になるだろう。いつもシートベルトをするようにいっておいたのに、それを無視した夫は、けがですむはずのところを死んでしまったのだ。そして、彼の死後には、経済的負担が大きくのしかかり、キャロルは二重の苦しみを味わうことになった。キャロルは一方で寂しさを感じながら、もう一方で怒りと恐れを感じて混乱した。ほとんどの人は、一度にふたつ以上の感情を感じとることに慣れていない。キャロルの場合は、夫を失った寂しさと、シートベルトをしていなかったことへの怒りと、降りかかってきた経済的負担への恐れを感じていた。それぞれの感情に時間をかけて対応していく必要があったが、それを知らなかった彼女は、ただただ苦しみをかかえ、そこから抜け出せなくなっていた。

キャロルは亡き夫に対する「怒り」の感情を抑えつづけた。しかし、実生活では経済的な負担に対する恐れが生じたので、さらに「怒り」と「非難」の気持ちが大きくなった。また、怒りを抑えているうちに、純粋な「寂しさ」を感じることがむずかしくなった。それまで感じていた寂しさが、自分を哀れむ気持ちに変わったのだ。そして、いくら泣いても心が晴れなかった。

この実例から、相手と別れたあとの感情の複雑さがわかるだろう。寂しさと同時に相手への非難と恨みを感じたり、腹をたてたりするかわりに、悲しがらなければならないと考えて感情を押し殺してしまうのだ。他人に迷惑をかけたくないとか、死んだ妻や夫のことを他人に悪く思われたくないと考え、恐れの感情を抑圧する。そして、すべてを内に秘めて強くなろうとする。

さまざまな感情を自分のなかに閉じこめておくと、いつまでたっても相手を非難し、自分を犠牲者のように感じつづけることになる。そのせいで罪悪感のほうも深まるだろう。相手を昔のように愛していないと感じて気がとがめるし、必死になって温かい愛を求めても、いらいらしたり、無気力になったりするだけだろう。

キャロルはカウンセリングを受けて、抑えていた怒りと恐れを、やっと表にだすことができた。そのおかげで、寂しさと「悲しさ」から解放されたうえに、罪の意識が消えて、自分にたいする自信や、新しい役割をこなす自信が深まったのである。

「怒り」の感情から抜け出せなくなった～シャロンの場合

シャロンとエドは、けんかが絶えなかった。夫婦の価値観が違いすぎて、とにかくうまくいかなかったのだ。

別れたあと、シャロンが主に感じたのは「怒り」だった。だが、九歳になる息子のネイサンに、エドの悪い影響が残ることも「恐れ」ていた。ネイサンに働いてお金を手にする大切さを教えたのに、エドの家にいくと、ほしがるものをなんでも買い与えてしまうのだ。家の手伝いをするようにしつけておいたのに、エドは息子を好き放題にした。この混乱から息子を守れなかったのが、シャロンの「悲しさ」の理由だった。

その恐れと悲しさが、エドにたいする怒りをさらに大きくした。離婚のときに抱いた怒りが、解消されるどころかどんどん深まった。また、ネイサンが学校で問題を起こすようになったことも、シャロンを怒らせる原因となった。

そのうえ、離婚後の家計を支えるために仕事を再開した彼女は、あまり息子と過ごす時間をとれなくなった。ネイサンが学校の宿題を終わらせていないと、シャロンは寂しい気持ちになった。怒っているときに思いやりを示すのはむずかしい。息子は母親に慰めてもらったり理解をしてほしかったが、シャロンにはなかなか愛情を示す余裕がなかったのだ。そのため彼女は罪悪感を感じ、その罪悪感はそのままエドへの怒りとなった。

シャロンは離婚の痛手が癒されなかったために、生活面の細かな問題に過剰に反応するようになったのだ。そして、子育ての欲求不満をためこんだ。事態は悪くなるばかりだったが、ある日、彼女はわたしのワークショップに参加して、心の癒し方を学ぶ気になった。そして離婚のときに、きちんと悲嘆にくれて、傷を癒さなかったことに気がついた。そこで彼女は怒りだけでなく、寂しさも十分に感じとれるようになり、最後にはエドを許すことができたのだ。

要するに彼らは、価値観が合わなかっただけなのである。

つきあい始めたころの楽しい思い出を振り返ると、感謝の気持ちが生まれ、気分のほうもよくなった。また合わない相手と結婚した自分が、ばかだったと思うこともなくなった。その結果、いつか新しい愛を見つけることができるという自信が深まった。

何よりネイサンの前で、別れた夫の悪口をいわないことが大切なのだと自覚した。相手を批判しなくても、考えが違うことを教えることができるのを知ったのだ。息子は父親に似ている部分もあるので、息子はシャロンがエドのよい面を評価するのを聞くと喜んだ。そこでシャロンは、息子のためにもなるからという理由で、エドを許す気持ちになった。ネイサンはふたりのあいだで、戸惑わなくてもすむようになったのだ。

こうしてシャロンはまた、誰かとつきあおうという気持ちになった。彼女はその後、自分にぴったりの相手と再婚し、もうひとり子どもを出産した。

どんな状況でも、正しいアプローチをとれば、苦しみを解き放ち、心のドアを開けて愛を探すことができる。つらい別れも、よい終わり方をするように努力すれば、よい始まりが待っているのだ。

7　感情を癒すための実践的アプローチ

心の痛みを癒す力を強める有効な方法のひとつに、感情を調節するための『フィーリング・ベター・エクササイズ』がある。

苦しい気持ちを癒す方法にはいろいろあるが、苦しみを癒す基本がわかっていないと、その苦しみから解放されることも、再び人を愛することもできない状態がつづく。

『フィーリング・ベター・エクササイズ』は、苦しみや痛みを癒せると確信できるように、わたしたちを鍛えてくれる実践法である。

『フィーリング・ベター・エクササイズ』の実例～手紙を書いてみよう

心の痛みを感じているときは、つぎのようなフォーマットで手紙を書いてみよう。気持ちの修復に慣れないうちは、ただ目をつむって想像したり、誰かに話をしたりするだけでなく、紙に書いたり、パソコンに打ちこんでみたりするのもいい方法である。わたしはもう一七年も、手紙を書くことで効果をあげている。

このエクササイズは、三つのパートで構成される。

Ⅰ自分の感情や、希望などを書きこむ。
Ⅱつぎに自分で、その内容に理解を示す返事を書く。
Ⅲ最後に許しや、理解や、感謝や、信頼の気持ちをあらわす手紙を書く。

それぞれのフォーマットと、返事のサンプルを紹介しておこう。

●第一の手紙「フィーリング・レター」　自分の感情を書く

まず、別れた相手に手紙を書く。または友人や先輩など、実際に話を聞いてくれそうな相手を想像して書いてもいいだろう。この手紙では、怒り、寂しさ、恐れ、悲しさという四つの「癒しの感情」のすべてを表現するようにする。書く順序は、フォーマットのとおりでなくてもかまわない。もっとも強く感じる感情から書き始め、ひとつの感情を先に書いてから、つぎの感情に進むようにしよう。

ポイントは、相手がすべてを聞いてくれると想像しながら書くことだ。相手が自分の気持ちを聞いてくれて、それを理解し、応援する返事を書いてくれると想像する。相手が実際に聞いてくれたらどう感じるか、どういってくれるかを想像することで、心の傷が癒されるだろう。

癒しを得る第一の手紙のフォーマット

「わたしの気持ちを聞いてください。それで、あなたがわたしを受け入れ、許し、理解してくれることを願っています。今わたしは……

■第一のフォーマット（怒りを表現するパート）

……（のせいで）腹をたてています。……のときに腹がたちます……。がいやです。……であればいいのにと思います。

■第二のフォーマット（寂しさを表現するパート）

……を（のせいで）寂しく思います。……のときに寂しくなります。……であってほしかったと思っています。……を期待していました。

■第三のフォーマット（恐れを表現するパート）

……が（のせいで）不安です。……のときに恐れを感じます。……であってほしくありません。……が必要です。

■第四のフォーマット（悲しさを表現するパート）

……を（のせいで）悲しく思います。……のとき悲しくなります。……であってほしいと思います。……を望みます。

聞いてくださってありがとう。感謝しています」

第一の手紙のサンプル

「スーザンへ。

ぼくの苦しい気持ちを聞いてほしい。それで、きみがぼくを受け入れ、許し、愛してくれることを願っている。
今のぼくは孤独で、傷つき、見捨てられ、裏切られたと感じている。そして、きみが離れていったことに腹をたてている。きみがほかの人を愛するようになったことに腹がたつのだ。きみが新しい相手といるところを想像すると、ますます腹がたってくる。ふられるのは嫌いだ。ずっと、ぼくを愛してくれればよかったのにと思う。　1
きみがいないのが寂しい。どうしたらいいか、わからないほど寂しいのだ。きみをどれだけ愛していたかを考えると寂しい。きみに愛されて、ずっと幸せでいたかった。きみがぼくを愛してくれて、約束を守ってくれることを期待していた。　2
ぼくは愚かなのだろうか。何がいけなかったのかわからないので、不安なんだ。また一から始めることを考えると、もっと不安になる。ひとりでいたくない。きみの愛と友情が必要なんだ。　3
もう、ふたりだけでいられないのが悲しい。きみの心を変えることができなかったのが悲しい。愛しあっていたことを思いだすと、やりきれない。きみに愛してほしい。きみと結婚したい。きみのことが忘れられればいいのにと思う。　4
聞いてくれてありがとう。感謝してるよ。
ビルより」

他の人の愛や支えをあてにしないで苦しみを癒すには、自分を愛し、自分で自分を支えなければならないが、これはむずかしいことではない。苦しんでいる人を見れば、自然に支えてあげたい気持ちになるだろう。それが自分だと思えばいいのだ。

第一の手紙を書き終えたら、こんどは愛情をこめて、自分あての返信を書こう。自分が理解され、支えられていると感じとれるようなことばをつづることだ。

自分が実際に聞きたいし、聞かなければならないと思うことを書きだすと、気持ちが軽くなるだろう。場合によってはこのほうが、第一の手紙で四つの感情を書くより、心の癒しにいいかもしれない。

第二の手紙のフォーマット

「1……してくれてありがとう。2……はわかります。3……してごめんなさい。4……を許してください。5……をわかってほしいと思います。6あなたは……して当然です。7わたしは……したいと思います」

第二の手紙のサンプル――自分を応援する返事を書く

「ビルへ。

1あなたの気持ちを教えてくれてありがとう。2あなたをどれだけ傷つけてしまったかわかっています。3ごめんなさい。でも、以前のようにあなたを愛していないし、わたしたちの関係は変わってしまったのです。4あなたと別れたことと、あなたの愛を受け入れなかったことを許してください。

5このことをわかってもらいたいと思います。愛してはいるけど、あなたはわたしにぴったりの人ではないのです。ふたりで過ごした日々は、いつまでも大切な思い出です。あなたの愛とサポートにとても感謝しています。6あなたは愛されて当然の人でしょう。きっと、すてきな恋人が見つかります。7あなたには幸せになってほしい。もういちど愛を見つけてほしいと思います。

スーザンより」

自分あての返事を書き終えたら、つぎは許し、理解、感謝、信頼といった肯定的な感情を書きつける。肯定的な感情を認める時間をとれば、気分はずっと楽になるだろう。初めのうちは少し疲れるかもしれないが、慣れてくれば手紙を書くたびに、気持ちを新鮮にすることができる。

第三の手紙のフォーマット

「1……してくれてありがとう。2……は理解できます。3……ことを知りました。4……がわかります。5……は許します。6……を感謝します。7……ことを信じます。8今わたしは……しているところです」

第三の手紙のサンプル｜肯定的な感情を書く

「スーザンへ。

1ぼくを愛してくれてありがとう。きみのことはずっと愛している。2もう、吹っ切らなければいけないことはわかっている。いつかはできるだろう。3こういうことには、時間がかかることが初めてわかった。今はとても苦しいし、この苦しみが消えるまでに時間がかかるだろう。4きみなりにぼくを愛してくれたことはわかっている。きみがぼくのものでないことも、きみに好きなように行動する自由があることもわかっている。

5ぼくを愛していないことを認めよう。ぼくから離れていったのを許すことにする。ぼくにチャンスをくれなかったのを許すことにしよう。6何年も、いっしょに過ごすことができて感謝している。7ぼくにはまた愛を見つけることができるし、これを乗り越えることができると信じている。8今ぼくは、新しいスタートを切って人生を立て直そうとしている。また人を愛せるようになり、また幸せになれるために必要なことをしている。自分が少しずつ、よい方向に向かっているのがわかる。

ビルより」

8 相手を許すことの大切さ

自分が感じている苦痛をすべて相手のせいにしていると、相手が行動や態度を改めないかぎり、苦痛を癒すことはできない。

たしかに相手を非難すれば、癒しに役だつ一面がある。好き嫌いをはっきり分けられるようになり、簡単に怒ったり、自分を非難しすぎたりするのを防ぐことができる。しかし、心のなかの怒りが収まったら、相手に対する非難をやめなければならない。

他人を非難していいのは、その人が過ちを犯したときであり、自分が苦しいときではないのだ。自分が苦しいのは相手のせいでないとわかって許すことができれば、心の痛みはまもなく消えていくだろう。

たしかに苦痛の原因は相手にあるのかもしれない。だが忘れてならないのは、わたしたちには、その苦しみを消す力が備わっているということだ。見捨てられたことに怒りや寂しさを感じても、それらは時間がたてば消えるだろう。しかし、いつまでも傷ついたことに怒りや寂しさを感じていると、その苦しみから逃げることができなくなる。そして、自分の苦しさのために相手を責めるようになる。

「感情の表現」と「非難の表現」の実例を、いくつか紹介しておこう。このふたつのことばの違いを感じとってほしいのだ。感情をストレートに表現して非難のことばにすりかえていると、いつまでも苦しみから抜け出すことができない。「感情のことば」は力を与えてくれるのにたいして、「非難のことば」をしゃべっているかぎり、被害者意識をもったままになってしまうからだ。

●感情のことば	●非難のことば
だいじにしてくれないので腹がたつ。	――こんなに不幸にされて腹がたつ。
あなたはほしいものが手にはいるのに、手にはいらないのが腹だたしい。	――こんなに嫉妬《しっと》心をかきたてられるのが腹だたしい。

放っておかれたので傷ついた。あなたはわたしより、他の人をだいじにしたので、わたしは傷ついている。	どうでもよい存在になった気分にさせられている。
あなたに批判されそうで怖い。	気まずい思いをさせられそうで怖い。
あなたに非難されて腹がたつ（非難されるのではないかと不安を感じる）。	一日を台なしにされて腹がたつ（台なしにされそうで怖い）。
いうべきことをいっても聞いてくれないのが怖い。	気まずさや無力さを感じそうで怖い。
無神経な態度が不愉快だ。	こんなに不幸にされて不愉快だ。

なぜ相手を許すことが大切なのか

相手を許すことが大切なのは、それまでつきまとっていた苦しみから解放され、また愛を感じとれるようになるからだ。

許そうという気持ちがあれば、相手を非難する気持ちが弱まっていく。初めは相手を非難していても、自分のうちにある「癒しの感情」を誰かに聞いてもらったり、気持ちを文字に書いたりすれば、非難の気持ちは薄れていく。

しかし、相手の反応しだいで許すかどうかを決めようとすると、初めから壁にぶつかるだろう。相手の過ちを許すのではなく、自分の苦痛の腹いせに相手を非難していることになってしまうからだ。相手もこちらの態度が気に食わないと思うと、親身に話を聞いたり、答えたりする気にならないだろう。

相手とのコミュニケーションを円滑にするためのマニュアルには、「あなたが……」という文章でなく「わたしは……と感じる」という文章を使うことを勧めている。これは適切だが、さらにいえば「わたしは……」で始まる文章には、非難のことばがつづかないように気をつけることが大切だ。場合によっては「わたしは……と感じる」という文章が、「あなたが……」という文章と同じくらい非難めいたものになり、知らず知らずのうちに相手を攻撃してしまうことになる。

女性はとくに、相手に自分の気持ちを伝えたいという思いが強い。愛してくれる人に苦しみを打ち明けると、心が癒されてくる。しかし、相手が聞いてくれるかは、話し方によっても違ってくる。女性は相手を非難することによって感情を表現することが多いが、そんなふうに思いをぶつけると、相手は親身になるどころか身がまえてしまい、逆効果になってしまうかもしれない。

また、子どもがいる夫婦が離婚する場合は、相手との関係が完全に終わっていないことを認識しておく必要がある。たとえ離婚しても、子どもの親であることに変わりはないのだから、たがいに非難しあうことなく、意思の疎通をはからなければならない。

人生を立て直すには、被害者意識をもったり、自分だけが被害者のように話すこともマイナスになる。離婚した夫婦の抱える問題のほとんどは、頭を冷やしたり、自分を見つめ直したりしないで、いきなり相手を非難し始めることにある。

家計、役割分担、約束の不履行、価値観の違い、子どものしつけ、子どもとの面会時間など、さまざまな問題で男性と女性はいい争う。だが、争いの本当の理由は、非難しあわないで会話する方法を知らないことにある。だから、いい争いを始めて数分後には、争いの仕方についての争いが始まってしまうのだ。

使うことばが適切でなくても、相手を許していることが態度にあらわれれば、相手もこちらの話を聞いて、多少なりとも前向きに対応してくれる。このようなコミュニケーションの技術がないと、非難の応酬に気づかないで、相手がいいわけばかりしていると非難しがちになるだろう。

相手に歩み寄ろうという気持ちがあることを確認して、なんとか解決しようと努力すれば、苦しさを相手のせいにしないですむようになるにちがいない。そのときあなたは、自分の気持ちの呪縛《じゅばく》から自由になっている。

9 痛みをうまく切りぬけるポイント

過去が痛みを増大させる

心の痛みを消したければ、別れた相手に頼れないと自覚しなければならない。今自分が苦しいのは、別れた相手の責任ではないのだ。傷をつけたのは別れた相手かもしれないが、その傷を癒す責任はあなたのほうにある。事態がよい方向に変わるかどうかは、あなたしだいであって、別れた相手ではない。

別れた相手に頼って幸せになったり、満足感を味わったりしようと思わなければ、もう傷つくことはなくなるだろう。そうすれば、過去から引きずっていた心の傷も、あわせて解消することができる。これはとても意味深い心の働きなのだ。

心の痛みを計れる「痛み計」があったとしよう。ちょっとした痛みを感じたときは五で、心に傷を受けた場合は一〇〇をさす。

心の傷が癒されたあとで、別れた相手に不愉快な思いをさせられた場合は、五の痛みを感じるだけだろう。ところが、心の傷が癒されるまえに不愉快な思いをさせられると、痛みはただの五ではすまなくなる。心の傷の痛みの一〇〇にプラスして、合計で一〇五の痛みを感じざるをえない。

この違いをわかっていないと、別れた相手にいやな思いをさせられるたびに、なんども心が傷ついてしまう。痛みが一〇五のように感じたとしても、そのうちの一〇〇は実際には過去の痛みなのだ。別れた相手に、今でも一〇〇の傷をつけられていると錯覚していると、苦痛がずっと大きくなる。傷ついた心が癒されていなければ、別れた相手のちょっとした行動でも、耐えられないほど大きく感じるだろう。

あなたが今も被害を受けていると思っているかぎり、痛みが消え去ることはない。痛みとは、受けている最中は消しにくい性質をもっている。だからこそ、堪え難いと思っている痛みは、実は過去に受けたものだと認識することが大切になる。今はもう被害者でないと自覚すれば、苦痛を軽くすることができるだろう。

今をひたすら生きることによって、被害者意識を捨てる方法をいくつか紹介しておこう。

■たしかに失望させられ、裏切られたが、今は自分の欲望と期待を自由に変えることができる。

■たしかに愛を奪われ、ふられ、見捨てられたが、今はほかのところで愛を見つけることができる。

■たしかに苦しんでいるが、今苦しめられているわけではない。

■たしかに心に傷を負ったが、その傷を癒す責任はわたしにある。

■たしかにショックを受けているが、いずれは愛を見つけられるだろう。

■たしかに時間を無駄にしたが、大事なことも多く学んだ。あとは傷ついた心を癒せば、いつまでもつづく真実の愛を見つける準備をすることができる。

10 日常的に体験する「九〇と一〇の法則」

わたしたちが現時点で感じる痛みのほとんどは、癒されずに引きずってきた過去の痛みであることが多い。だから何かで傷つくと、過去に経験したのと同じような痛みがよみがえる。解消されずに抑えられてきた昔の感情や、過去の恋愛関係で経験した未解決の感情が、現在の苦痛を増幅する。

現在の心の痛みの九〇パーセントは過去に由来するものであり、現時点の原因による痛みは、たったの一〇パーセントなのだ。だから、苦しい感情を解放できないときは、その原因が自分の考えるところとは違う位置にあることが多い。

わたしたちはこの九〇と一〇の法則を、日常生活の短い時間内でも経験する。たとえば外でいやなことがあったり、不愉快な扱いを受けたり、車の渋滞で動けなかったり、頭痛がしたりすると、一日の終わりに、不快感をそのまま家にもち帰る。なぜか相手に腹がたつときは、その原因の大部分が、その日におきた不愉快なできごとにあるのかもしれない。その反対に、すばらしい一日を過ごしたときは、相手の態度が少々悪くても簡単に許すことができる。

この法則は、短い時間内のできごとだけでなく、子どものころという、とてつもない長い時間にまでさかのぼることがある。つまり相手と別れて動揺すると、はるか昔に感じた感情までが目をさます。恨み、非難、冷淡さ、罪悪感、不安感、絶望感、嫉妬などの否定的な感情から抜け出せないとき、その苦痛の九〇パーセントが過去に原因をもち、現在の原因による苦痛は、わずかの一〇パーセントにすぎない。

こんなときは、現在の感情を過去の感情に結びつけて考える必要がある。解消されないままで残っていた過去の感情を、もういちど心のなかで体験できれば、癒しのプロセスはずっとスムーズにはこぶだろう。

一般に過去のできごとのほうが、現在のできごとよりも対処しやすい。それは過去のできごとは結果がわかっているからで、自分の過去をより客観的に見つめて、癒す方向で対処できる。一方で苦しみを感じながら対応し、もう一方で、やさしい友人や親のように自分を思いやることができるのだ。

安心して心を開き、現在のできごとに関連して浮かびあがってきた感情を人に話せるようになれば、過去にどんな傷があったかが自然にわかってくる。現在の苦痛を、同じ苦しみを感じた過去に結びつけられれば、苦痛の解放はより徹底したものになる。

過去の傷を癒して現在の傷を癒す

私の結婚について話をしよう。現在の妻のボニーと初めて会ったとき、わたしたちはすぐに恋に落ちた。一年半ほどつきあったあと結婚したいと思ったが、まだ決心がつかなかった。心のどこかで、確信がもてなかったのだ。彼女を愛していたが、結婚には迷いがあった。そして、わたしたちは別れることになった。

それから三年もたたないうちに、わたしは別の女性と結婚した。彼女はわたしの古くからの知りあいで、ふたりはともに心理学の博士号をとるところだった。ふたりで結婚や交際に関するワークショップを始め、愛しあい、やがて結婚することに決めた。愛が深まるにつれ、わたしたちはよりよい関係を保とうと努力して、多くのことを学んだ。

しかし、結婚して二年たつと、わたしたちの心は離れ始めた。引かれあう気持ちや情熱が消え、相手が自分にぴったりの人かどうかを疑い始めた。そして、ほどなく離婚を決意した。結婚生活に終止符を打ったわたしは、自分の心を癒して愛を感じるまで回復すると、ボニーこそぴったりの相手だと気づくようになった。

別れの日のことは、今でもはっきりおぼえている。

離婚は適切な決断だったが、わたしはとても気落ちしていた。こんな結末になったことを受けとめることができなかった。別れたことが、とても寂しかったのだ。離婚はふたりの合意で決めたことだったが、わたしの一部はまだ彼女を求め、彼女を必要としていた。わたしたちの愛着はとても強かった。彼女のほうも動揺していた。わたしたちは愛しあっていたが、たがいに合わないことがわかっていた。

わたしは家をでて何時間も泣いた。車をだして、ふたりで聞いた音楽に耳を傾けた。とめどなく涙が流れた。この先、どこへいって、何をすればよいのかわからなかった。人生が自分のまわりで、音をたててくずれていく感じだった。結婚だけでなく、仕事にも失敗したように思われた。自分自身が結婚に失敗していながら、カウンセリングやワークショップにくる人たちの相談に乗っていけるのだろうか。

わたしは思いあまって母に電話した。それまで母に電話するのは、様子を尋ねたり、いい知らせのときだけだった。母に泣いたり悲しんだりしているところを見せるのは、一二年ぶりのことだった。

電話にでた母に、わたしはカリフォルニアまできてもらえないかと頼んだ。当時のわたしはロサンゼルスに住んでいて、母はテキサスだった。母はその場で「いいわ」といった。孫に会いにいくつもりで、ちょうど空港に行くところだという話だった。そのチケットを変更して、いちばん早い便で来るといってくれた。

空港で母を待つあいだ、わたしは今の気持ちを書きだしてみることにした。感情をはきだすのが、とても大事なことだと知っていたからだ。この作業は、長期的に見て自分のプラスになるはずだったが、それだけでなく、そのときの自分に驚くほど安心感を与えてくれた。寂しさを書きとめていると、心の底でとてもやさしい感情の声が聞こえた。それといっしょに、忘れていた子どものころの記憶がよみがえった。

現在は過去にリンクする

わたしが六歳ぐらいのころ、家族でロサンゼルスに旅行したことがある。七人全員がステーションワゴンに乗りこみ、テキサスから車でカリフォルニアに向かった。わたしは最年少だった。ビーチハウスを一か月間借りて、近くに住む親戚《しんせき》を訪ねる予定だった。

家族のみんなは、ディズニーランドにいくのが楽しみだった。ロサンゼルスに着くと親戚が訪ねてきて、誰かひとり泊まりにこないかと誘ってくれた。兄のひとりがわたしの耳もとで「ディズニーランドの隣の家なんだよ」とささやいた。だから、わたしはすぐに手をあげた。みんなもいっしょにくるだろうと思ったからだ。

親戚の家に着いたとき、もう一台の車に自分の家族がひとりも乗っていないのを知って驚いた。母もきていなかった。知らない人たちにかこまれて、わたしはひとりっきりだった。その家に一週間いたが、ディズニーランドにはいちどもいかなかった。

わたしはその七日間、おばのイニーに頼んで母に電話してもらい、迎えにきてもらえばいいことに気づかなかった。そして、家族に見捨てられたと感じていた。もう二度と家に帰れないと考えた。七日目に六歳のわたしは、この牢獄をでて家族を捜そうと歩き始めた。だがブロックの端までたどり着いたとき、どちらにいけばよいのかわからないことに気がついた。わたしは望みを失ってうつむき、今きた道を戻るしかなかった。年上のいとこがわたしをからかったので、わたしは泣きだした。おばがわたしを見ていった。「ママが恋しいのね」。その瞬間、わたしの泣き声はヒステリックに大きくなった。そのときまで、わたしが家族と引き離されて動揺していることに、誰も気づかなかったのだ。

何年もあとになっておばのイニーが、あれほど子どもが動転するのを見たことがないといった。彼女はわたしの母を心配させないために、何が起きたかを話さなかった。だが母はわたしの心のうちを察して、翌日一日、わたしのためにさいてくれた。

その日、海岸にいったわたしは、まわりを見回して自分をとても小さく感じたのをおぼえている。世界は急に広大な場所になり、わたしはとても小さかった。まわりの人たちはいったい誰なのだろう、どこにいくのだろう、何をするのだろうと考えた。この世界で、自分の道を切り開いていくことなどできるのだろうかと。

その日の感情は、ずっとわたしのなかに残っていた。いつでもどこかで、自分は小さくて力がないと感じていた。この感情は大きくなれば消えるだろうと思っていたが、三〇代になっても、まだ自分のなかのどこかに、見捨てられて家に帰れない小さい男の子の気持ちが残っている。

母の到着を待つあいだ、自分の苦しい感情を書きだしたことで、この過去の記憶を無意識に思いだした。それまでも母と海岸を歩いたことはよく思いだしたが、親戚の家に七日間もいた記憶は、完全に忘れ去っていた。そのときやっと、自分にいつも見捨てられたような感情がある理由がわかったのだ。

抑えていた記憶や感情を呼びおこす

結婚が失敗に終わって打ちのめされたことで、過去の感情が呼びさまされた。母を待つあいだ、わたしは忘れていた感情を夢中で書きだした。今の感情を過去に結びつけ、その感情を書きだしながら、過去のできごとを心のなかで再び経験した。そして自分のなかにいる六歳の少年に、その経験をふくらませた。当時の彼の苦しみを、癒しの感情で表現したのである。

いちども表に出してもらえず、話を聞いてもらえなかった少年の感情をことばで表現した。空港にいるわたしの頰《ほお》に、母を失った少年の涙が伝わった。見捨てられた少年はとても孤独で、心を痛め、裏切られ、どうしたらよいかわからなくて、もう二度と家族に会えないのではないかと恐れていた。

今考えれば、本当は捨てられたわけではないのだから、わたしはそれほど苦しい思いをしなくてよかったはずなのだ。しかし、少年はそれを知らなかった。彼はひとりで、誰にも面倒をみてもらえないと感じていた。置き去りにされたことに「怒り」と「寂しさ」を感じ、愛されずに忘れられたのではないかと「恐れ」、家に帰れないのが「悲し」かったのだ。そして、自分を未熟で無力だと感じ、どうしたらいいかわからなかった。

昔のつらい記憶を書き終えたとき、気分はずいぶんよくなっていた。到着した母に、妻と別れて家を出たことを手短に説明したあと、わたしはいった。

「今晩、どこに泊まったらいいのかさえわからないよ」

少しまえまで書いていた昔の記憶のことなど、何も知らない母がいった。

「心配ないわよ。イニーおばさんのところに泊まればいいもの」

わたしは信じられない思いだった。過去の記憶を引っぱりだして癒しただけでなく、おばのイニーの家に戻って、当時を再体験する機会がめぐってきたからだ。ただし、今回は母といっしょだった。

過去をもういちど体験する

母はその週のあいだ、ずっといっしょにおばのイニーの家に滞在した。ディズニーランドにも二回いった。わたしはまだ打ちひしがれていたが、別れの苦しみを、そのまま母に打ち明けることができた。とても長い一週間だった。自分を愛してくれる相手に気持ちを話すことができて、わたしはとても幸せだった。

まだ眠れない夜もあったし、ぞっとしたり、震えたりすることもあった。それほど寂しかったが、母がすぐそばにいてくれることがありがたかった。ときには、六歳に戻ったような弱さを感じていた。

七日間が過ぎ、母が帰るまえの晩に、わたしたちは以前にカウンセリングをしたことのある有名人のパーティーに招かれ、ここで多くの著名人に紹介された。いつもなら少し気おくれするところだったが、この夜は一週間の責め苦をくぐりぬけたばかりだったので、このぐらいはどうということはないと思えた。

隣の母を紹介するとき、わたしは生まれて初めて、自分のほうが母より背が高くなっていることに気がついた。それまでずっと、母のほうが背が高いように感じていた。初めて自分が大人になったように思われた。わたしのなかにいた六歳の少年が、やっと大人になる機会にぶつかったのである。このときのわたしは三四歳だったが、それまでは、いつもどこかで自分はこの大きな世界にはいれるのだろうかという思いがあったのだ。

おもしろいことに、心のなかの六歳の少年の考えや、傷ついた気持ちを感じとるようにしたことで、わたしは逆に成長した。

心的外傷（トラウマ）を経験した子どもたちは、打ち明けた気持ちを思いやりをこめて聞いてもらえないと、感情を抑圧してしまう。自分の感情の一部を凍りつかせてしまうのだ。その忘れられた部分は、のちに同じレベルの苦痛が起きたときに、初めて成長することができる。過去の傷が呼びさまされると同時に、それを癒して、傷を負うまえの自分に戻る機会が訪れるのだ。

こうして心が癒されたあと、理解できるようになったことがある。それは最初の妻にひかれたのは、間違いからでも愚かな判断からでもなく、心のなかに抑えられた部分があったせいだということだった。それを癒す必要があったのだ。

過去を癒すことができたわたしはなんの障害もなく、安定した愛を求められるようになった。約一年の癒しの期間をへて、わたしはやっと、ボニーこそ理想の女性なのだと認識することができた。そして、わたしはボニーと結婚し、以来、ずっと幸せに暮らしている。

11 過去の癒されていない苦痛の処理方法

傷を癒して苦痛を解消するには、癒しの感情を処理するほかに、現在の痛みを過去の痛みに結びつける方法が効果的である。現在の苦しさをまだ解消されていない過去の苦痛に結びつけると、「過去の癒されていない苦痛」が処理されて、現在の痛みから解放される。

この考え方は世界中のセラピーや、癒しの作業のすべての基本になっている。過去について話せば、過去の苦痛を思いだして、今も傷を受けつづけているような気持ちをもたなくてもすむようになる。苦痛を思いだせば思いだすだけ、現在の苦痛が軽減される。「傷ついたことがある」と感じるのと「傷ついている」と感じるのとでは、その違いは想像以上に大きい。

しかしこれは、心の痛みを感じてはいけないということでなく、痛みに浸っているだけでは、あまり役だたないということだ。浸るだけでなく、その痛みを過去から引きずっている感情を炙《あぶ》り出す。もちろん、痛みは感じるだろうが、それはまだ解消されずに残っている過去の痛みが発する信号にすぎない。この痛みの信号を利用して、癒さなければならない過去の苦痛を自覚できる。

三段階の過去の癒し方

過去は三段階のステップを経て、癒されていく。

まず第一のステップでは、現在の感情を過去の感情に結びつける。ふられて傷ついたことがあれば、そのときの気持ちを思いだす段階だ。第二ステップでは、そのできごとを心のなかで再現する。その当時に戻って、同じことを経験していると想像力を働かす。最後の第三ステップでは、そのできごとに色づけをする。過去を再体験しながら、そのころはもっていなかったが、今はもっている知識を利用して対応する。

過去のできごとを、心のなかでもういちど経験するのは、ビデオを見るようなものだろう。どこでも好きなところで、一時停止することができる。再生しながらつらい感情を見つけたら、そこで停止して、その感情をさらに深く感じとる。そして許し、理解し、感謝し、信頼しようと努めながら、四つの癒しの感情を探ることによって、その苦痛を軽減する。

友人や、カウンセラーや、仲間などに気持ちを打ち明けることも、この三つの段階の助けになるだろう。しかし、他人の支えが妨げになることもある。アドバイスをされすぎたりすると、自分の本当の感情をつかめなくなるからだ。過去の苦しみを感じるには、安心できる環境がなければならない。自分の苦痛をたいしたことがないと思われたり、批判されたり、攻撃材料にされたりすれば、マイナスになるだけだろう。打ち明けたことを、すべて秘密にしてもらう保証も必要である。以上の条件が満たされれば、癒しのプロセスは格段にスピードアップする。

このとき、安心して過去を打ち明けられるかどうかは、非常に重要なポイントになる。

子どものころに安心して感情を表にだせないと、大人になってからも、ある種の感情を抑える習慣がついてしまう。大人が無意識のうちに感情の処理に使う方法は、じつはとても小さなうちに身につけた方法なのだ。しかしふつうの家庭では、親や兄弟姉妹が、癒しのために子どもの話を聞く時間や技術をもっていない。子どものころに、安心して感情を打ち明けた経験がなければ、否定的な感情のなかから、許し、理解、感謝、信頼という肯定的な感情を見つける方法を習得しているとは考えにくい。

それでも大人になると、苦痛を癒しやすい環境を選ぶことができる。批判的でない友人や、自分の感情を発見して探索することを助けてくれるカウンセラーなどを選ぶことができるだろう。否定的な感情を肯定的な感情に変える方法を学ぶには、今からでも遅くはないのだ。

相手を失った苦しみを、完全に癒すには時間がかかる。やっと二段階のぼったと思うと、また一段階おりることがあるかもしれない。これはあと戻りのように思えるだろうが、実際には癒しのより深いレベルにほかならない。重要なのは、いちどにひとつの層を、少しずつ癒していくというパターンを頭に描いておくことだ。そうでないと、癒しの進め方を読み誤ることがある。たとえば、やる気をなくして、時間のかかる感情を探るのをとりやめるかもしれない。そこで感情を抑えて一時的なやすらぎを求めてしまうと、そのあとずっと抑圧の症状に苦しみつづけることになる。

抑圧の症状がひとつでも見つかれば、その裏にはいくつかの抑圧の感情が隠されている。大切なのは、感情を抑えて苦しみを回避しようとしないで、気づいていない感情を見つけることである。子どものころから感情を抑える習慣がついていれば、自分でそれを解決するのはむずかしいだろう。

まず欠けている感情を見つけよう

書きかけの文章を保存せずにパソコンのファイルを閉じてしまったら、消したファイルを復元するバックアップシステムがなければ文章を復元することは不可能だろう。成長の過程でも、わたしたちは感情的な反応を消してしまうことがある。そのファイルが復元されるまで、傷は完全には癒されない。

たとえば、子どものころから怒りの感情を抑えてきた人は、大人になってからも、怒りを発散する力を制限される。そのため、恐れ、悲しさ、寂しさから、一生離れられないことがある。過去に怒りを抑えていれば、別れを経験した今も、適切な怒りを感じることはむずかしい。そのほかの感情についても、同じことがいえる。

他人に助けを求めるのは、消してしまった経験を、バックアップシステムで復元する方法によく似ている。脳外科医たちの発見によれば、脳のある部分を刺激すると、完全に忘れていた記憶を生き生きと呼びおこすことができるという。幸いなことに、抑えられているわたしたちの感情は、脳を刺激しなくてもよみがえる。

愛、知恵、受容性、創造性を十分に感じるために心を開く力がほしければ、現在の感情と過去の感情を、安心して探れる環境を自分でつくりだすことだ。

過去をうまく処理するために

昔から抑圧してきた感情があると、現在の苦痛を解放することがむずかしい。たとえば現在の恐れを解放しようとしても、過去から引きずっている恐れがあると、それが邪魔になるだろう。恐れを解放することができなければ、否定的な感情を探って、肯定的な感情を経験することもできなくなる。

現在の苦痛を解放するには、過去の感情を解放しなければならないが、それには「現在の苦痛」を「過去の苦痛」に結びつけるのがもっとも効果的である。過去を思いだすには、そのためのエクササイズを実行するといいだろう。

たとえば心の落ち着くBGMをかけて、自分に質問してみよう。そして、思い浮かんだ答えに耳を傾ける。どんな記憶でもよいから、ひとつを選びだして、それを探る試みをする。正しい答えがでるかどうかは問題ではないのだ。たとえば「愛されていたときの思い出は」という質問をして、愛されていなかったときのことを思いだしてもいいだろう。つらい思い出が浮かんできたら、すかさずそれを利用することだ。

思いだす作業が痛みを解放する

つらい思い出に気づいたら、時間をかけて心のなかで追体験し、それをさらにふくらますようにする。はっきりと思いだすことや、視覚化することにこだわらないでおこう。ぼんやりとした、かすかな記憶でもかまわないのだ。状況が大まかにつかめたら、そこでかつての自分がどのように感じたかを想像してみよう。今と同じ感情を、その当時ももっていたと想像するわけだ。これがうまくできるようになれば、いつでも過去を思いだせるようになり、追体験が怖くなくなるだろう。

ひとつの思い出は、いちどだけでなく、くり返して利用することができる。古傷の口をなんども開けることになるが、そのたびに許しや、理解や、感謝や、信頼の気持ちをもって、痛みを解放する力が強まるだろう。

許すのがむずかしければ、過去に戻って何かを思いだし、それを許すと、許す力を強めることができる。そして、つぎにその過去を振り返るときは、許すまえの時点までさかのぼって、もういちど同じプロセスをくり返す。これをくり返すたびに、許す技術や、肯定的な気持ちで苦痛を解放する技術が向上する。

誰かを許すのがむずかしいときは、無理をせずに、許しにくかった過去のできごとまでさかのぼり、ひとまず、その処理をすますようにする。過去のできごとに現在の苦痛を結びつけて、心のなかに許しの気持ちを思い起こすと、現在の苦痛から解放される。そして現在に戻れば、つらい思いをしないで相手を許すことができる。

もちろん、新しい記憶も有効である。過去の記憶をひとつ癒すと、さらに癒す必要のあるほかの記憶が引きだされる。子どものころの苦痛を思いだせなければ、近い時点の何かを思いだすことから始めるようにしよう。思いだせることから処理していけば、しだいにほかのことも思いだすようになる。

アルバムの写真を見るのもいいだろう。記憶が正確かどうかは問題にならない。はっきり思いだせなければ、想像力を働かすことだ。それでも十分に効果があがるだろう。つまり想像した内容が、過去の感情に結びつけてくれる。

できるだけ楽しかった思い出を探す

自分に肯定的な経験を思いだす質問をすれば、自分の過去に助けられる。もし、癒す必要のある苦しい経験があれば、それも自然に思いだすだろう。

たとえばリサは、父親に愛されていると感じたときのことを思いだすようにいわれて、父親が約束を破って自分を傷つけたときのことを思いだしたという。ケヴィンは母親の愛を感じたときを思いだすようにいわれて、母親を車に乗せて食事にいったときのことを思いだしたのだ。彼女といっしょに過ごした時間を、特別に強く感じていたのだろう。

つぎにまた同じ質問をされたケヴィンは、小学校時代に、迎えを忘れた母親を何時間も待っていたことを思いだした。すると寂しい、つらい気持ちが洪水のようにあふれてきたという。そこで初めて見捨てられたという現在の感情が、迎えを待っていた寂しさと結びついたのだ。

過去から引きずっている感情に対応すると、否定的な感情とともに、抑圧されていた肯定的な感情に接しやすくなる。そして、肯定的な記憶もより鮮明になる。

そのあと、恐れ、悲しさ、怒りを感じて寂しさを癒したケヴィンは、当時、母親に感じていた特別な愛を感じとることができるようになった。両親を全面的に愛し、必要としていたときのことを思いだしたことで、彼は今や愛と支えを感じるための心のドアを開いたのだ。今では、たとえ相手に見捨てられても、家族や友人の支えを感じることができるようになっている。

一方、リサのほうは、自分の癒されていない苦痛を処理して父親を許したあと、疑いを知らなかった純粋な感情を思いだした。そして父親を許したことで、自分を許す力が大きくなった。現在の彼女は、つきあいを終わらせたことで罪の意識を感じていたが、子どものときの純粋な気持ちを思いだして、心を癒すことができている。

肯定的な経験を思いだして癒されていない苦痛を処理すると、抑圧されていたすべての肯定的な感情の一本のつながりを再現することができる。そして、活気と愛と喜びに満ちた時代のことを思いだせるようになる。なにも子どものころに戻ろうというのではない。大人になっても、子どものように愛する力や、喜びや、創造性への接点をもとうということである。過去の痛みを癒せば、現在の痛みを癒すに必要な愛がずっと強くなるだろう。

子どものころに習得しておきたい重要な技術

癒されていない心の苦痛を処理すると、肯定的な感情を表にだせるようになるだけでなく、人間として必要な技術を体得して、それを活用できるようになる。子どものときに身につけておかなければならない技術には、つぎのようなものがある。

他人を許す／自分を許す／他人をうやまう／自分をうやまう。

助けを求める／自分の感情を適切に表現する。
考え、気持ち、要求をはっきりと明確に伝える。
他人の話を親身になって聞く／がまんする／自分の間違いを自分で訂正する。
喜びを先にのばす／他人と協力する／功績を分けあう／成功を分かちあう。
感謝と称賛を受ける／感謝と称賛を示す／危険にたいする予測をたてる。
善悪を判断する／誠実に行動する／自分の価値を認めて他人を尊重する。
自分で問題の解決方法を考える／変えようのないものを受け入れる。
自分のために真剣に考える／行動と感情に責任をもつ。
私心を捨てて健全な境界線を引く。

こうして見ると、以上の技術のすべてを習得している大人はほとんどいないように思われる。しかし、遅すぎることはないのだ。くり返して訓練をつめば、これらの技術を習得することができる。時間をかけて心を癒すことによって、生きていくうえで必要な右の技術が、さらに効果をあげるだろう。

現在の傷を癒しながら過去の傷を癒すことで、これらの技術をのばす力が自分にあったことに気づくはずである。

過去を思いだすためのエクササイズ

過去を思いだすための質問に、頭に浮かぶまま答えよう。昔のできごとを思いだしたら、そのそれぞれについて、始まりと、中間と、終わりを思いだす。さらに過去にさかのぼって、もっと古いできごとを思いだそう。

ひとつの質問を二〜三回くり返す。ほかに何も思い浮かばなくなったら、つぎの質問に移るようにしよう。肯定的な思い出が呼びさまされれば、それは苦しいときの慰めになるだろう。

つらい思い出や否定的な思い出がよみがえったら、それも素直に受け入れよう。つらい過去の記憶は、現在の痛みの癒しに役だつからだ。

質問をくり返すたびに、少しずつ昔にさかのぼるだろう。そして、もっとも古い記憶を思いだしてほしい。

たとえば「学校にいったことを思いだす」という質問の場合は、少しずつ過去にさかのぼり、最後に初めて学校にいった日のことを思いだすようにしよう。このリストに縛られないようにしてほしい。このとおりの順序でなくてもいいし、とばしていってもいいのだ。また、同じ質問になんども答えてもいいだろう。

新しいスタートを切るための質問リスト（どんなことを思いだすか）

・最後に成功したときのこと・自信があったときのこと。
・怖かったあとで安心したときのこと・誰かを信じたときのこと。
・失望していなかったときのこと・誰かに頼っていたときのこと。
・忘れられたあとで思いだしてもらえたときのこと。
・必要なものを手にいれたときのこと。
・ほかの人のほしがるものを自分がもっていたときのこと。
・ほしいものを手にいれたときのこと。
・手にはいらなかったほしいものを手にいれようとしたときのこと。
・ほしいものをほかの人が手にいれたのを喜んであげられたときのこと。
・何かを頼んでそのとおりになったときのこと。
・頼み方を変えたら希望どおりになったときのこと。
・みんなのためになるとり決めをしたときのこと。
・勇気づけられたときのこと・信頼されたときのこと。
・求められたときのこと・誰かに好かれたときのこと。

・誰かと友だちになったときのこと・お化粧をしたときのこと。
・過ちを許されたときのこと・誘惑に打ち勝ったときのこと。
・病気が治ったときのこと・誰かに会って喜んでもらえたときのこと。
・何をしたらよいかわからなかったが、それがわかったときのこと。
・すべてがうまくいったときのこと・初めての場所にいったときのこと。
・買ってきたものがとても気にいったときのこと。
・問題の解決を助けてもらったときのこと。
・泣いたあとに気持ちが晴れたときのこと。
・気まずい思いをしたが結局はうまくいったときのこと。
・秘密を守ったときのこと・犯した過ちから学んだときのこと。
・自分を卑下しないですむようになったときのこと。
・やる気はなかったがそれでもやったときのこと。
・自分がほぼ時間どおりに着いたときのこと。
・自分の意見をはっきりいったときのこと。
・誰かが自分の肩をもってくれたときのこと。
・自分が必要とする誰かを助けたときのこと・だまされて学んだときのこと。

・約束を破られたが最後に必要なものを手にいれたときのこと。
・グループで楽しく過ごしたときのこと・運転免許の試験に受かったときのこと。
・本を一冊読み終えたこと・締め切りを守ったこと。
・久しぶりに知人や家族に会ったこと・プレゼントをもらったこと。
・落ちこみかけていたが持ち直したこと・チャンスを逃がさなかったこと。
・セックスについて何か新しいことを学んだこと・性的に引きつけられたこと。
・キスしたこと・意中の人と知りあうことができて感謝したこと。
・けがを治療してもらったこと・入院したこと。
・食事をごちそうになったこと・イメージチェンジをしたこと。
・初めての場所に旅行したこと・プロジェクトを完了させたこと。
・奪われたように感じたが必要なものを手にいれたこと。
・けんかを終わらせたこと・誰かのために犠牲を払ったこと。
・自分の気持ちに従ったこと・中毒症状を断ったこと。
・誘惑を避けたこと・間違いを犯した自分を許したこと。
・やっと進む道がわかったときのこと。
・限界を超えるほどがんばって誇らしかったときのこと。

・すばらしい気分で起きたこと・緊急時に助けられたこと。
・誰かに花を贈ったこと・やり方を間違ったが結局はうまくいったこと。
・経験から重要なことを学んだこと・浮気されていないとわかったこと。
・お返しを期待したこと・借金を返したこと。
・お返しを期待せずに贈りものをしたこと・自分のお金で何かを買ったこと。
・誰かに気をつけろといったこと・自分を弁護したこと。
・議論に勝ったこと・何かを教えたこと。
・何かを初めて習ったこと・危険から逃げたこと。
・人を笑わせたこと・大勢のまえでスピーチしたこと。
・グループのなかで質問に答えたこと・ゲームに勝ったこと。
・賞をとったこと・ほかの人のために喜んだこと。
・何かを分けあったこと・自分を誇りに思ったこと。
・誰かが自分を誇りに思ってくれたときのこと・気づいてほしかったときのこと。
・何かがぴったりだったときのこと・気づかれたくないと思ったこと。
・過ちをつぐなったこと・自己紹介したこと。
・ひとりで遊んだこと・病気の動物の面倒をみたこと。

・誰かが自分につらくあたる理由がわかったこと・遅れた誰かを許したこと。
・秘密を守るようにいわれたこと・ずっと秘密にしてきたこと。
・人を助けるために嘘《うそ》をつかなければならなかったときのこと。
・やっと自由になれたときのこと・世界はふしぎなところだと思ったこと。
・初対面で相手を好きになったこと・誰かが気分を楽にしてくれたときのこと。
・気持ちをすべて話したときのこと・本当に理解されたと感じたこと。
・「ノー」といったがそれでも愛されたこと・不公平を知って憤慨したこと。
・誰かに仕事をまかせたこと・好きな人の意見に反対したこと。
・父親の（母親の）愛を感じたこと・母親と（父親と）ふたりで過ごしたこと。
・母親に（父親に）慰められたこと・父親が（母親が）助けてくれたこと。
・父親に（母親に）抱きしめられたときのこと。
・父親に（母親に）尽くしてもらったこと。
・母親を（父親を）喜ばせたいと思ったこと。
・母親が（父親が）賛成してくれていると感じたこと。
・父親が（母親が）何かを教えてくれたこと。
・迷子になったが見つけてもらったこと・特別に何かを感じたこと。

・いい意味で自分が変わっていると感じたこと・怒って強さを感じたこと。
・寂しかったが不幸でなかったこと・不安だったが自信があったこと。
・悲しかったが後ろめたくはなかったこと・無力だが信じていたこと。
・誰かに愛をこめてさようならをいったこと。
・新しいスタートを切ってもういちど愛を見つけたこと。

苦痛を感じたときは、過去の肯定的な経験を探ればプラスに作用する。また、現在の苦痛を過去の苦痛に結びつければ、抑圧していた否定的な感情が姿をあらわすだろう。現在の苦痛を過去の苦痛に結びつける時間をとれば、すぐに心が落ち着き、癒しを感じとれるにちがいない。以上の質問リストをなんどでも活用してみてほしい。

12 いつまでも愛を新鮮に保つために

新しいスタートを切るうえでもっとも重要なのは、愛を思いだせるかどうかということだ。別れた相手と過ごした楽しい時間を思いだせば、心を効果的に癒すことができる。そして、いつか苦痛を感じないで、過ぎた愛を思いだせる日がやってくる。過去の愛を思いだすと、初めのうちは涙がでることもあるだろうが、その涙は癒しの涙なのだ。やがて気分が楽になるだろう。

一般に別れてせいせいしたと思っているときより、死別したときや、もとに戻りたいと思っているときのほうが愛を思いだしやすい。仲たがいの末に別れたりすると、あまりに落ちこんだり、腹がたちすぎたりで、思いだす気にもなれないだろう。そんなときは、相手が死んだものと想像してみよう。そうすればまた、愛そうとする力を感じとることができる。

愛を思いだせるようになれば、こんどはリラックスする時間を選んで、自分の心のなかを思い描いてみよう。癒しのプロセスを始めて一、二週間のあいだは、週ごとに以下に示したようにひとつのテーマを選び、心のなかに描いてみる。毎日、同じプロセスをくり返し、翌週は次のテーマに移るようにしよう。

それぞれの質問を、ゆっくり読むこと。読み終えたら、少なくとも一〇秒間は答えを考えてから、つぎの質問に移るようにしよう。質問を読むだけなら、あっという間にすむだろうが、実行するには、ひとつについて少なくとも一〇分間はかかるはずである。一二の質問がすべてすんだら、好きな質問に戻って、それをもういちどくり返してもいいだろう。BGMをかけて読んだり、朗読してテープに録音したり、横になってそれを聞いたりしながら試みてみれば、効果があがるだろう。

愛を思いだすための作業

心のなかに思いだす作業を始めるまえに、からだをリラックスさせておく必要がある。からだの各部分を意識的に解放することだ。全身にいき渡るように息を深く吸いこみ、力をぬいて、またはきだそう。全身がリラックスしたあとで、それぞれの質問にとりかかろう。

ひとつを思いだしたらもういちどリラックスの手順をふんで、現在の自分に戻るようにしよう。そして、しっかり現在にふみとどまって「わたしは今……しているところです」の……の部分をいれかえながら、この文章を一〇回くり返す。

「わたしは今、心を癒しているところです」
「わたしは今、自分を好きになろうとしているところです」
「わたしは今、もういちど愛する人を見つけようとしているところです」
「わたしは今、もとの相手を許そうとしているところです」
「わたしは今、新しい一日を迎える準備をしているところです」

第一週のテーマ　出会い

初めて相手と会ったときのことを思いだそう。「きっかけ」「場所」「初めて特別な感情をもったのはいつだったか」「いいたかったのにいえなかったことは」「何をいったのか」「なんといわれたのか」「何をしたのか」「何をされたのか」「相手のどこにひかれたのか」。

そのときに戻って、相手の目を見ていると想像しよう。相手にたいする愛を心のなかで感じとろう。どんなふうに感じさせてくれて、ほかにどんなことがあったのかなど、相手のことを考えながら、相手を失うつらさを感じとる。相手をどれだけ恋しいと思っているかを感じとろう。

それでつらくなったら、相手にたいする愛情を思いだそう。愛は気持ちがいいはずだ。愛は大きい。愛は広い。この愛が心の痛みを癒してくれる。いつか近いうちに痛みは消え、愛だけが残るだろう。

第二週のテーマ　最初のデート

最初のロマンティックなデートを思いだそう。「ふたりで何をしたか」「最初に触れた感触は」「最初に触れられた感触は」「ファーストキスは」。

相手への愛を自覚し、ずっといっしょにいたいと思っていたことを思いだすこと。過去に戻り、抱きしめあった感触を思いだそう。すぐ隣に相手がいないことを悲しもう。ふたりの関係の純粋さを感じとろう。希望と望みを感じとり、希望にあふれていた自分を感じとること。相手を幸せにしたいと思っていた自分を感じとること。すべてがうまくいって、ずっと幸せに暮らしていけると望んでいたか、信じていたことを思いだそう。

相手がいないことがつらくなったら、いっしょにいて幸せだったことに集中しつづけよう。愛に気持ちを集中すること。愛があると安心できるし、心を慰められるだろう。愛は温かく、心を落ち着かせてくれる。愛があれば素直に自分らしくなれるし、なりたい自分になることもできる。いつか近いうちに苦しみは消え、愛だけが残るだろう。

第三週のテーマ　情熱的な瞬間

特別な愛で満たされ、情熱的で親密な瞬間を思いだそう。その瞬間にたどりついた過程を思いだそう。予感がしたことを思いだそう。この特別の一瞬は、どんなことから生じたのだろうか？　その瞬間が近づくにつれて興奮したことや、どこで何が起きたか、その日は暑かったのか寒かったのか。空気のにおいまで思いだそう。

息を吸って、その場所にいると想像しよう。心とからだで感じた情熱を思いだそう。自分の燃えるような欲望を思いだすこと。自分を求める相手の熱情と、相手に抱かれた感触を思いだそう。ひとつになりたかった欲望を感じとろう。ふたりで歓びの頂点に達したときに、相手に自分をあずけた情熱を感じとろう。その瞬間に、たがいの腕のなかで感じた安心と満足感も思いだそう。

そして現在に戻って、心の空洞を感じとろう。もういちど、相手のからだや魂とつながりをもちたいという、どうしようもない思いを感じとろう。相手との愛あるエクスタシーを思いだしながら、それを失った苦痛を感じとること。苦痛をエクスタシーとブレンドしよう。愛は平穏で、大きな満足だ。自分の愛の記憶に平穏さを感じとろう。近いうちに苦しみは消え、穏やかな愛だけが残るだろう。

第四週のテーマ　支えを感じとる

相手が自分のために、そばにいてくれると感じたときのことを思いだそう。自分は相手を必要とし、相手はとても大きな力になってくれた。何があったか思いだそう。「何が必要だったのか」「どんなことをいったのか」「相手はどんなことをいったのか」「ほかに、どんなことをしてくれたか」など。

息を深く吸って、過去を振り返ろう。愛、親密さ、受容、信頼、思いやりが必要なのだ。

愛しあう関係が、どんなに心地よかったかを感じとり、相手の支えのありがたさを感じとろう。そして、人生をともにする相手がいる喜びを感じとり、人生の重荷をひとりで背負わずにすむ安心感を感じとろう。

感謝で心をいっぱいにしよう。相手がしてくれたことに、ひとりでいることに重圧を感じたときは、感謝の気持ちを集中すること。そして、どんなことに感謝しているのかを認識しよう。別れたつらさを感じながら、相手からもらったすべてに感謝しよう。近いうちに痛みは消えるだろう。人生はもういちど、あふれんばかりの愛と支えで満たされるだろう。

第五週のテーマ――ふだんの生活

相手が習慣的にしていた「ちょっとしたこと」を思いだそう。予定をたてたり、整理したり、買いものをしたり、料理をしたり、車の運転をしたり、荷物を運んだり、料金の支払いをしたり、郵便をだしたり。ほかにどんなことをしていたのか、変わったことや、あの人しかしないようなことはなかったのか。いびきのかき方とか、話し方の癖なども思いだそう。相手の姿や、相手が自分を見るときの様子も思いだそう。

息を深く吸って、相手と過ごした楽しいときを想像しよう。相手にたいする温かい愛情と、愛してくれたことへの感謝を感じとろう。誰かにだいじにされるというのは、とても気分がいいものだ。わたしたちはひとりではない。自分はどこかの誰かにとって、完全に特別な存在なのだ。

孤独でつらくなったら、特別の愛を感じるようにしよう。特別な愛の思い出に、魂を慰めてもらおう。痛みを感じるときは、愛に神経を集中することだ。自分を包む相手の愛を感じとろう。相手の柔らかい愛に包まれていると想像しよう。愛は無限で永遠だ。あなたを忘れていない、いつまでも愛していると相手に知らせよう。やがて痛みは消え、特別な愛を感じつづけることができるだろう。

第六週のテーマ　幸運を分かちあう

相手の幸せを喜んだことを思いだそう。相手が幸せだったので、自分も幸せになったときのことを思いだそう。「相手はどうして幸せだったのか」「相手をどのようにして支援したか」など、初めて相手を喜ばすことができたときのことを思いだそう。相手の人生に影響を与えられる存在だったことが、どれだけいい気分だったかを思いだそう。

相手がこちらの成功を心から喜び、誇りに思ってくれたことを思いだそう。成功を願ってくれたことを思いだそう。愛する人と自分の成功を喜びあったとき、どのように感じたのだろうか、そのほか、いっしょに喜んだときのことを思いだそう。何があったのだろうか、どうして、ふたりは幸せになったのだろうかなどを思いだそう。

相手の支えを思いだしたら、その支えで心の穴をふさごう。相手の支えに感謝を感じながら魂を癒し、その支えを孤独の痛みに耐える力にしよう。相手の愛で自分を慰め、自分を救い、もういちど愛と支えを求める気持ちになろう。愛する価値があると認めてくれた相手に感謝し、それを支えにして、人生でもっとも大切なこのときを乗り切る決心をしよう。近いうちに痛みは消え、また心を分かちあえるだろう。

第七週のテーマ　愛の力

寂しかったり、失望したりしたときのことを思いだそう。「何があったのか」「何があってほしかったのに、起きなかったのか」。相手の愛と支えのおかげで、苦しみに耐えられたことを思いだそう。ガードをゆるめ、弱い面をさらけだして安心できたことを思いだそう。そして、相手の愛が与えてくれた平穏さを思いだそう。

息を深く吸って、過去に戻ったと想像してみよう。相手に抱きしめられていると想像しよう。相手が自分を優しく受け入れ、理解してくれていると感じとろう。寂しさを伝えられる自由を感じとろう。ひとりで重荷を背負わなくてもよいことに感謝しよう。愛のある支えに慰められながら、現在の寂しさを感じとろう。相手といっしょにいると感じて、かつてのように寂しさを相手の愛で和らげよう。自分を受け入れ、理解してくれる力を感じ、その愛によって、また傷のない自分に戻るようにしよう。愛から逃げてはいけないのだ。必要なだけ時間をかけて、支えを求めるようにしよう。近いうちに苦痛は消え、愛の力がもういちど、みなぎるのを感じとれるようになる。

第八週のテーマ　不安なとき

確信がもてなかったり、不安だったりしたときは、相手に信じてもらったときのことを思いだそう。「何が不安だったのか」、「起きてほしくなかったが、起きてもふしぎでなかったことはなんだったのか」、どう感じたのか、とても不安だったとき、相手がそばで支えてくれたことを思いだそう。相手が「できるはずだ、信じている」とか「すべてうまくいく」といってくれたときのことを思いだそう。

息を深く吸って、過去に戻ったと想像しよう。いちばん気弱になったときに、支えてくれた心強さを感じとろう。誰かに安心させてもらい、励まされる必要があった自分を感じとろう。相手の温かい支えに感じた深い感謝を思いだそう。

相手の支えを思いだして、それがない現在のもろさを感じとろう。もう誰にも愛されないだろうとか、もう誰も愛せないだろうという恐れを感じとろう。その恐れを感じることで、かつての相手の支えの強さを思いだそう。

じっくりと心を癒そうと決心して、相手が強かったことを認めよう。その愛をどこかにしまいこまないで、表にだすようにしよう。必要なときは、まわりの人に助けてもらおう。受けとった贈りものを使いつづけて、相手に敬意を表現しよう。その支えを現在もこれからも、忘れることはないと知らせよう。いつか近いうちに苦しみは消え、もういちど自分の強さと長所を感じることができるだろう。

第九週のテーマ――許すことのマジック

相手が自分の過ちを許してくれたときのことを思いだそう。「何があったのか」「どんな間違いを犯したのか」「どんなふうに相手を傷つけたのか」「失望させたのか」「無条件に愛してくれて、理解してくれて、受け入れてくれた相手をどう感じたのか」など。

ここで息を深く吸って、過去に戻ったと想像しよう。相手を傷つけたことを心から後悔しよう。今なら、どんなことをいうのだろう？　愛情をもって自責の念を感じ「愛している。こんなことになって申し訳ない」といおう。相手の無条件の愛に癒しの力を感じとろう。

愛情を感じながら、相手をとり戻すために、何もできない悲しさを感じとろう。相手の愛と許しが、痛みを和らげてくれるのを感じとろう。相手が許してくれているのを感じとり、「愛してくれたのはわかっている。ベストを尽くしてくれた」と相手がいうのを感じとろう。

魂が相手の愛と許しの光を、いっぱいに浴びているのを感じとろう。自分の魂の純粋さが、相手の愛の光を受けた花のように、ぱっと開くのを感じとろう。生まれかわったように感じながら、愛の癒しの力に感謝しよう。すぐに痛みが消えて、もういちど自由に愛せるようになるだろう。

第一〇週のテーマ　理解される

本当に理解されたと感じたときのことを思いだそう。「何があったのか」「相手は何をいったのか」「何をしたのか」。誰かに反対されたときに、相手が自分の側に立ってくれたことを思いだそう。支えられて、どんな気持ちだったかを思いだそう。立ちはだかる難題と格闘していたときに、相手が理解してくれているのを知って、どう感じたかを思いだそう。

深く息を吸って、過去に戻ったと想像しよう。自分の苦境を相手が本当に理解してくれたと感じたときに、どう思ったかを思いだそう。相手は正しいことをしようとする自分の努力を評価してくれたのだ。一部始終を知り、苦しみを理解してくれたのだ。相手の思いやりと理解のある支えを感じたことを思いだし、息を吸いこんで安心しよう。

誰かを失った苦痛には、誰もこの苦しみを理解してくれないという感情がふくまれる。この苦しさは、誰にも理解できないと感じとろう。その痛みを感じながら、そばにいたときの相手の支えを思いだそう。自分が苦労し、挑戦し、乗り越え、なしとげたことを喜んでくれたときや、理解してくれたときのことを思いだそう。相手のほうも、自分の苦しみを理解してくれていると認識しよう。近いうちに痛みは消え、もうひとりではなくなるだろう。

第一一週のテーマ　必要とされる

本当に必要とされていると感じたときのことを思いだそう。自分は相手の生活の一部であり、相手も自分の生活の一部だったのだ。相手から助けを求められ、それに応えたときのことを思いだそう。

息を深く吸って、過去にさかのぼろう。相手の人生にもちこんだものにたいする感謝の気持ちを感じとろう。相手が自分の人生に与えてくれた意味を感じとろう。相手とのつながりを感じとろう。相手を失うことは、手や足を失うようなものだ。からだの一部や、人生に不可欠な部分や、特別な意味をもつ部分を失うようなものだ。

こんな気持ちで苦しむときは、寂しさ、悲しさを感じると同時に、相手の贈りものに感謝しよう。特別な思い出に感謝しよう。相手が自分を必要とし、頼ってくれたことを思いだそう。いつまでも忘れないと、心のなかで相手に知らせよう。

相手がいつでも自分の一部であるという認識から生まれる、苦くて甘い喜びを感じとろう。いつでも相手のことを思いだし、特別な愛を感じとろう。時間がたてば、思いだすことがつらくなくなると予測しよう。相手への愛が、心の傷を癒してくれる。この愛があれば、新しく生まれかわって愛で満たされた人生を送ることができる。

第一二週のテーマ　愛の贈りもの

相手が自分の人生に与えてくれた愛の贈りものを思いだそう。それにどんな影響を受けたか思いだそう。それで人生が、どれだけ明るくなったか思いだそう。相手が現れるまでの人生が、どんなものだったかを思いだそう。相手は人生をどれほど明るくしてくれたのか、どれほど必要な力を与えてくれたのかなど。

いっしょにいて、たがいに幸せだったときのことを思いだし、ふたりで楽しく過ごしたときのことを思いだそう。ほしかったものを与えてくれたことを思いだし、愛を与えてくれた神に感謝したことを思いだそう。

深く息を吸って過去にさかのぼり、いっしょにいる喜びをもういちど想像しよう。相手の愛の光のなかに戻り、温かい愛を感じとろう。相手が去るまえの一瞬に戻った幸せを感じとろう。相手を失った苦しみを感じとったら、相手が与えてくれた喜びを思いだして、自分を慰めよう。相手は偶然にやってきたのでなく、それは祈りへの答えだったのだ。神は愛してくれている。見捨てられてはいないのだ。

今は想像できないかもしれないが、この経験を生かして、もっと強くなれば、より深い愛を与えたり、受けとったりできるようになるだろう。まだ、忘れられてはいない。まだ愛されているし、愛することができると、心から感じとれるようになるだろう。

13 心を癒す一〇一の方法

愛する相手と別れたとき、その人を思いだして心を癒さなければならないが、それにはさまざまな方法がある。しかし、愛する人を失った苦しみを十分に体験できて、愛、理解、許し、感謝、信頼に導いてくれる方法なら、どんな方法でもいいだろう。

ここでは愛する人を思いだすための一〇一の方法を紹介しよう。気持ちが楽になる方法などあるはずがないとあきらめないで、とにかく、このリストに従って、毎日、何かを試みてみよう。そうすれば、自然な癒しの助けになってくれる。愛情をもって相手を思いだすことができれば、自分の感情に触れることができるだろう。

このリストは、別れた相手の生死にかかわらず活用できる。相手が生存している場合は、相手のからだがもう存在していないという、つまり死別の場合と同じような認識をもつことが必要だろう。適切な悲嘆にくれるには、相手がもういないという前提が必要だからだ。

一　心にしみる音楽をなんども聞く。
二　涙がでるような映画を見る。
三　好きな本を読むか、友だちと本のことを話す。
四　一日だけでも、何か新しいことに挑戦する。
五　買いものにいくとか、何か楽しいことをする。ときには楽しんでいる人たちのなかで、元気のでるようなことをする。それで寂しさが強まっても問題はないのだ。
六　出会いの場所や、思い出の場所を訪ねる。
七　交わした手紙を読む。
八　目のまえに相手がいて、話を聞いたり、返事をしたりしてくれると想像して、自分

九　の気持ちを友だちに話す。その友人には手を握って話を聞いてもらうだけでよい。

一〇　ふたりで見たビデオを見る。

一一　ろうそくをつけて、相手のことや、愛のすばらしさを思いだす。

一二　アルバムの写真を見る。初めはひとりで見て、それから相手との思い出を話しながら友人と見る。毎回、違う友人といっしょに見ると、経験が鮮やかによみがえる。

一三　相手のことを書いて、家族や友人に読んでもらう。

一四　相手の身の回りのものをいつも身近におく。

一五　枕もとに相手の写真を置き、毎日「おやすみ」「おはよう」と挨拶《あいさつ》する。

一六　愛する人との別れまでの経過を友人のひとりひとりに話す。話すたびに傷の内側の層を一枚ずつ癒すことができて、心の扉が少しずつ開く。

一七　サポートグループで話をしたり、ほかの人の話を聞いたりする。他人の苦しみに耳を傾けると、自分の痛みが癒される。

一八　癒しのワークショップに参加して、同じような経験をもつ人たちのなかに身を置く。グループの支えは、かならず癒しの助けになる。

グループ活動に参加したり、休暇をとって旅行にでかけたりする。新しい経験を積みながら他人と交わりをもてば、新しい自分が開花する。

一九　相手のよい面をすべてリストアップし、友人に順番に見せる。
二〇　不特定の人が集まる会合に参加する。名前を隠していると、大きな解放感を感じることもある。新しい翼で飛ぶことができるかどうか試してみる。自分に正直になって、新しい自由を体験してみよう。
二一　相手との思い出に、新しい習いごとをする。相手が興味をもっていた対象でもいいし、まったく新しい対象でもいい。
二二　自分のためにプレゼントを買い、それを相手からもらったと想像する。相手だったら何を贈ってくれたかを考え、そのような品物を選ぶ。
二三　相手が喜ぶことを思いだし、相手を思いだすきっかけにする。
二四　相手の墓や写真のまえに花を置く。最初の一週間は毎日、それから三か月間は週にいちど、その後一年間は月にいちど、そのあとは相手の誕生日ごとに。
二五　相手が自分やまわりの人たちにしてくれたことをリストに書く。
二六　相手にたいする感謝の気持ちを手紙に書く。
二七　相手になったつもりで自分を励ます手紙を書き、自分あてに送る。
二八　部屋に相手に捧げる特別な場所をつくる。
二九　相手との思い出に、何か美しいものを買い、それを部屋に飾る。

三〇　相手の過ちをできるかぎり思いだし、それを許す手紙を書く。相手が実際に聞いているいると想像しながら、友人やセラピストを相手にその手紙を読む。

三一　自分の過ちをできるだけ思いだし、謝罪の手紙を書く。友人やセラピストに相手役になってもらって、その手紙を読んで聞かせる。

三二　相手になったつもりで自分を許す手紙を書き、自分あてに投函する。目をつむって相手を想像しながら、友人やセラピストにその手紙を読んでもらう。

三三　相手になったつもりで自分に謝罪の手紙を書き、自分あてに投函する。やはり相手を想像しながら、友人やセラピストに読んでもらう。

三四　相手がかかわっていたボランティアに、相手の名前で寄付をする。

三五　一日に一時間、癒しのトレーニングをしたり、癒し用のテープを聞いたり、心に思い描く時間をとる。毎回、特別のＢＧＭを選ぶ。

三六　友人に「つらくても相手にたいする愛を感じて悲嘆にくれることで、気持ちが楽になってきた」と知らせる。

三七　時間をかけて愛する相手を失った人たちの話を聞く。その人たちの立場になれば、自分がひとりでないと実感できて、孤独感が薄れるだろう。

三八　初めての場所へいき、初めての人に会う。新しい経験をすると、いつでも自分のなかの何か新しい面を発見できる。

三九　ペットを飼う。ペットをかわいがると痛みが和らぎ、心が癒される。

四〇　友人たちに助けを求める。食事に招いてほしいと頼むのもいいだろう。友人たちが自分を避けているように見えても、それはどう接したらいいかわからないからにすぎない。彼らはあなたのために、何か役にたてないかと思っている。

四一　癒しのための期間を十分にとる。三か月でも九か月でも期間を決めて、そのあいだは悲嘆にくれつづける。予定を立てておかないと、十分な癒しができないかもしれない。あらかじめ決めておけば、その期間を心おきなく癒しにさくことができる。過ぎてみれば、いい思い出になるはずだ。

四二　毎朝起きたときに、鏡のなかの自分に向かって大きな声でいう。「今、わたしは……をしているところです」。この……の部分を思いつくままに変えて、それを一〇回くり返す。この儀式によって現在の自分に集中することができる。

四三　その週に、相手がいたらやっていただろうと想像できることを実行する。

四四　起きたことにミスがなかったと思えたら、どう感じるかを想像する。

四五　悪いことばかりでなく、いいことを考える。別れの苦しみがあるときは、今、あるもののありがたさを忘れてしまうことが多い。

四六　がまん強くなる。あと戻りしてもいらいらせず、自分をほめてやる。

四七　気がめいったら、おもしろいビデオを一〇本借りてきて、一日でぜんぶ見る。

四八　友人に頼んで抱きしめてもらう。相手からの愛が断たれても、まだ必要な感触を手にいれることができる。

四九　週にいちどマッサージを受ける。からだの触れあいも、愛と同じくらい重要だ。心の傷を癒すには、からだにも気を遣う必要がある。

五〇　人生は不公平だと思ってみよう。ふたりで実現するつもりだった夢や望みを思いだす。失望した気持ちを手紙に書く。

五一　友人のために明るく陽気に振る舞おうとしてはいけない。どん底まで落ちるつもりになる。悲しみの波を受け入れて、初めて心を癒すことができる。癒しのプロセスに素直に従えば、苦しみは完全に消失する。

五二　古代エルサレムでは苦しむ人々が「嘆きの壁」に集まったように、ワークショップにでかけ、過去の傷を癒したり、愛する人との別れを十分に悲しむ。

五三　「さよなら」をいえなかった場合は、友人やセラピストと向きあって手をつなぎ、目を閉じて「さよなら」をいえたと想像する。自分が望んだとおりの状況を設定し、まず自分の役を演じる。つぎに失った相手の役を演じ、相手の受け答えを想像する。

五四　相手を失ったことに、自分の努力がたりなかったのではないかという罪の意識があれば、それを友人やセラピストに話す。自分を許しやすくするために、その埋めあわせをする。相手に尽くす気持ちで、困っている人たちに本気で何かをする。献身的に尽くせば、つねに罪の意識や不名誉な気持ちを捨てる助けになる。

五五　自然を感じとる。朝、散歩をする。できれば草の上をはだしで歩く。早朝の新鮮な空気を深く吸いこむ。

五六　どこかに逃げて傷を癒す必要を感じたら、できるだけ早く休暇をとる。職場の人たちも理解してくれるだろう。

五七　相手の死亡記事をパソコンで打って、数日おきに読む。

五八　友人に頼んで相手の葬式や、そのあとの集まりをビデオにとってもらう。葬式のときはまだショック状態で、本当の悲しみを感じるようになるのは、何日かたってからのことだろう。そのときこそ支えが必要なのだ。葬式に集まった人たちに、相手の美点や、出会いや、どう思っていたかなどを話してもらい、それもビデオにおさめておいて、あとでときどき見るようにする。

五九　「この苦しみを、いつか乗り越えることができる」と、なんども自分にいい聞かせて、同じ苦しみを克服した人たちのことを思いだす。

六〇　相手と初めて会ったときのことを思いだす。相手を紹介してくれた人に、感謝の手紙を書く。

六一　架空の相手に手紙を書く。怒りや恨みのようなすべての感情をはきだす。それから寂しさ、恐れ、悲しさなどを探る。そして、架空の相手になったつもりで自分あてに返事を書き、ポストにいれる。

六二　友人にきてもらい、そばにいてくれるだけでいいといっておく。いっしょにいるだけで、心が休まることを自覚する。テレビも見ず、料理もせず、読書もしないで、ただ散歩したり、朝日や夕日を見たりする。この穏やかさが心を慰める。

六三　子どもに戻ることを計画する。友人や家族と動物園や遊園地にいく。楽しむ子どもたちのそばで過ごす。

六四　結婚式にいく。喜ぶ人たちに囲まれることは、何よりの治療になる。悲しみがよみがえっても、癒されるだろう。

六五　スポーツが好きなら、ためらわずにつづける。スポーツをつうじて、自分の心の躍動や欲望に触れることができる。

六六　神社や教会で祈る。自分の奥深く感じている、いたらなさを告白する。神や自然が自分の魂を包みこんで、支えてくれていることを感じとる。

六七　自分を優先する。今は甘えさせてもらおう。頭が痛くなるような責務のすべてから解放される。

六八　友人がこちらの気持ちを聞いてくれないようなら、自分のほうから必要なことを知らせる。「とても悲しい、一〇分間ほど話を聞いてほしい。聞いてくれるだけで気持ちが楽になる。ただ話ができればいい」と頼む。そして、相手の思い出を話し、思い浮かぶままに寂しさを感じる。

六九　涙を抑えてはいけない。泣くことは心の救いになるからだ。

七〇　遺産の争いを最小限に抑える。家族の誰かがいがみあっていても、自分は相手の死を悲しんでいるだけだということを忘れないようにする。離婚の場合は別居の期間を十分にとって、離婚調停が始まるころには、癒しの作業がほとんど終わっているようにする。

七一　苦しんでいるときは、それを隠してはいけない。今は自分から救いを求め、心のうちを明かすときだ。

七二　配偶者との死別や離婚のあと、子どもに「強くならなくてはいけない」といってはいけない。苦しみを子どもの肩に背負わせるのでなく、できるだけ子どものそばにいて、支えになってやれるようにする。子どもの慰めを期待してはいけない。それでは、子どもがこちらに慰めを求めにくくなる。

七三　子どもたちには「悲しむな」というべきでないだけでなく、片親を失った悲しみを、実際以上に大きく感じさせないことも重要だ。子どもたちが自分の感情に対処できるようになるまでには、もうしばらくかかる。ベストのアプローチは、話を聞いてやることだ。「ほかに何か気になっていることはないか」となんどもなんども念をおす。

七四　愛しあう人たちを見て、みじめな気分になったときは、怒ってみよう。鏡のなかの自分に大きな声で、何に腹がたつのか、何がほしいのか、何を手にいれているはずなのかをいってみよう。それで気分はよくなるはずだ。

七五　誰かがもとの相手をほめたことで嫉妬や怒りを感じたら、その裏にある恐れをリストに書きだしてみる。「もう二度と愛されることはない」とか「わたしはダメな人間だ」というように。それからさらに感謝していることも書きだして、このプロセスを締めくくる。

七六　地域のための活動に参加する。自分を認めてくれる人たちと、いっしょにできる活動に参加するといいだろう。

七七　二年以内に愛と幸せで満たされるとしたら、どんな思いをするか考えてみる。そして、目を閉じてその様子を思い描く。友人やセラピストに、その気持ちを説明している将来の自分を想像する。「……に感謝している」「……だから幸せだ」「……に自信がある」というような表現を使って、肯定的な感情を引きだす。

七八 山か海にいき、さよならをいうためのちょっとした儀式をする。ドライブや散策で半日がかりの旅をする。旅で癒されることは多い。

七九 人生の先輩と話をし、精神的な支えや指導を受ける。

八〇 相手がしたかったことや、やり残したことを考えて、それを代行する。

八一 相手の友だちに電話をかけ、亡くなったときの様子をくわしく話す。離婚の場合自分の友人に、どんな点で相手と合わなかったかを話す。自分では、まだ完全にそう思っていなくても、相手も努力してくれたと、ほめる姿勢をとる。

八二 いつでも許そうという気持ちをもつ。「父よ、彼らをお許しください。自分が何をしているかを知らないのです」という十字架の上のキリストの言葉を思いだしてもいい。相手に悪気がなかったと認められれば、より許しやすくなる。

八三 今の苦しみは、いつかほかの人を助けるために役だつと認識する。自分の傷を癒したあとは、苦しむ人たちに驚くほどの愛と思いやりをもつことができるようになる。

八四 自分が苦しいときに、何を必要としたかを考え、ほかの人の苦しいときに、どれだけ自分が必要とされているかを想像する。いちばんつらいときに、愛情をもつ人がそばにいると感じるだけで救われる。

八五　できるだけいい人間になろうと決意する。苦しみを感じたり、苦しみから解放されたりするときに、何かに駆りたてられることが多い。その瞬間に、自分はどんな人間として生きていきたいかをリストアップする。

八六　最初の一か月間、癒しの旅の日記をつける。その日その日の思い、気持ち、できごとを記録する。

八七　詩を書いたり、詩集を読んだりする。

八八　神々に救いを求める。もっともつらいときは、神のまえで謙虚になることができる。この機会を利用して、自分の信仰をあらたにしよう。

八九　嘆き悲しむ時間を制限してはいけない。人によって、または日によって、必要な時間が違うからだ。柔軟に対応するようにしよう。

九〇　感情の波に乗る。浮くか沈むか、どちらかにしようと考えてはいけない。楽しんだり安心したりしても、もとの相手を裏切ったことにはならない。悲しみは愛の証明でなく、痛みを消すプロセスだ。心が解放されるたびに驚くほどうきうきし、気持ちが高揚するだろう。

九一　自分に合った悲嘆にくれる方法を考える。感情表現の激しい人は、感謝したり、いい気分だったりしたときのことを忘れないようにする。控えめな人は、苦痛を心のなかで抑圧しないように注意する。

九二　口に出さなくても、ほかの人たちが、こちらの望みを知っていると考えてはいけない。つねに友人や家族に、救いを必要としていることをわかってもらうようにしよう。

九三　病院の産科を訪ねてみよう。愛する人を失ったときに、出産の喜びや愛のエネルギーに触れると、こちらも新しいエネルギーを受けとれるだろう。

九四　夜明けは、夜のもっとも暗い瞬間のあとにくることを忘れずに。どんなに暗くても、いつかはかならず愛とやすらぎの光がさしてくる。

九五　一日にいちど激しい運動をする。からだを動かしたり、大きく呼吸したりすることは、リンパ系の刺激にとても重要だ。これによって癒しのあいだ、からだが浄化される。

九六　相手の思い出に木や植物を植え、だいじに育てる。

九七　記念のアクセサリーを買って身につけ、いつでも愛のすばらしさを思いだせるようにする。

九八　黒いひもを手首につけ、悲しみのプロセスにあることを示す。
九九　相手の思い出を、一日に三つ日記に書く。
一〇〇ふたりでできればよかったと思うことを書きだす。今の悲しみをじっくり感じとれば、いつかはふたりで過ごした時間に心から感謝し、新しい道を歩むことができるようになる。
一〇一苦痛が消えなければ、その苦しみを過去の経験と結びつけ、過去の経験をふくらませて、ゆっくりと癒しの感情を処理する。

苦しんでいるあいだは、苦痛が完全に癒える日のことを想像しにくいかもしれない。しかし、意識して自分の気持ちと向きあっていると、愛する人を失ったあとの癒しの期間が本当に意味をもつようになる。やがて立ち直って、輝かしい人生を謳歌《おうか》することができるにちがいない。今は厳しい冬をやりすごしているところだと考えよう。この冬は長くなるかもしれないが、いずれは雪が解け、温かい春がやってくるだろう。

Mars and Venus Starting Over

第二部

愛における
女性の再出発

女性の再出発は、多くの面で男性の再出発とは異なっている。新しくスタートを切るときに、女性と男性はそれぞれ違った難問を抱えこむ。だから、男性に役だつ方法が女性に役だつとはかぎらないし、男性にとっての障害が女性の障害になるとはかぎらない。この違いを頭にいれておくと、再出発が容易になるだろう。

心が痛むとき、本能に従って行動しても、ベストの選択にならないことがある。愛する人を失った人は、新しい人生と多くの選択肢の前に立たされる。進むべき道を選ぶのはむずかしいし、このときの選択があとの一生を左右することもある。癒《いや》しの道のりをよく理解していないと、男性も女性も真実の愛を探す機会を、みすみす逃がしてしまうかもしれない。

人生の重大な分岐点で、どんな間違いを犯しやすいかを知っていれば、よけいな苦痛を背負わないでもすむ方法がわかるだろう。そのおかげで、新しい愛を再発見する準備が整う。心を癒して、新しい愛を見つけることができれば、さらに一歩先へ進み、力を最大限に発揮して、成功や幸福を求める気になるだろう。

1　条件が多すぎる女性

　女性は男性と親しくなるまえに相手を細かくチェックして、自分の身を守ろうとする傾向が強い。まだ別れの痛みが完全に癒《い》えていない場合は、とくにチェックの項目が多くなる。これでは愛しあうために心を開くどころか、その可能性を閉め出すことになりかねない。そのような姿勢をとっていれば、ますます孤独からぬけにくくなるだろう。

　世の中には完全な人間はいないのだから、チェックが多すぎるとせっかく手にはいるものを無意識に拒んでしまい、いつまでたっても手にはいらないものを求めつづけることになる。そうしているうちは、「いい男性が残っていない」と結論づけることになりかねない。そんな女性が、男性のどんなところを見ているか例をあげて説明しよう。

一　離婚歴があるようだけど、原因はなんだったのだろう。別れた奥さんのことはあまり話さないけど、何か隠してるんじゃないかしら……。
二　電話をするといってたけど、本当にかけてくるのかなあ。電話をくれないようだったら、信用できない。

三　セックスが目的に決まってる。真剣なつきあいを望んでるとは思えない。

四　約束どおりの時間に迎えにきてくれるかな。いつも、わたしを後回しにするような人とは、もうつきあえないから。

五　デートしている女性の数の多さを見ると、真剣なつきあいをするつもりがあるとは思えない。

六　三五歳を過ぎてまだ独身だって。深い関係になるのが怖いという、よくあるタイプじゃないの。こんな人にかかわって、時間を無駄にするつもりはない。

七　自分だけの世界に閉じこもっているみたい。つきあうなら、心を開いてくれる人がいい。

八　あまり責任感がない感じ。大人になりきれていないみたいね。母親がわりにされてはたまらない。

九　いっしょにいて楽しい人でなかったら、すぐに帰ってこよう。前の彼はまじめすぎたから。

一〇　なんてひどい身なりだろう。自分の面倒もみられなくて、わたしのことをかまってくれるわけがないじゃない。

一一　わたしは健康に気をつけているのに、この人は違うわね。同じ考え方の人でないと、きっとうまくいかない。

一二　スポーツにしか関心のない人ね。わたしの趣味に喜んでつきあってくれる人がいいのに。「スポーツ未亡人」になんかなりたくない。

一三　身の回りも頭のなかも、整理が苦手らしい。わたしが整理役になるだろうな。もう、そんな役回りはごめんだ。

一四　あんなにハンサムで魅力のある人は誘惑も多いだろうから、きっと浮気をするにちがいない。

一五　仕事に夢中なんだから。きっと、わたしより仕事を優先するだろう。仕事と張りあうなんてまっぴら。

一六　自分の子どものことで頭がいっぱいみたい。わたしのことなんて、どうでもよくなるんだろうな。

一七　もう変われない年だもの。自分のやり方に凝り固まっているのでは。それにつきあっていくつもりはないわ。

一八　若い女性が好きなのははっきりしてる。年をとったら飽きられるのかな。

一九　収入が少ないのでは。わたしを養うなんてできるのかしら。少しはお金がある人がいい。あてにされちゃ、かなわないもん。

二〇　あまり共通点がないな。共通の興味がなければ、うまくいくはずがない。
二一　親や友だちはどう思うかしら。妥協したと、思うはずよ。

相手をチェックしたいと思うのは、もちろん悪いことではない。こちらの要求や望みをかなえてくれる人かどうかを確かめるのは、大切なことだからだ。それに相手に何を求めるかは人によって違うだろう。だから、ここに紹介したような項目を、チェックすること自体悪いわけではない。ただ、チェックのしすぎからデートの誘いを断り、愛に心を閉ざしてしまうことが問題なのだ。

数多くの候補の男性とつきあっていけば、それまでの懸念がしだいに消えて、完全さを求める気持ちが薄れていくことに気づくだろう。そしていつかは、この人こそ自分に合う相手だと、はっきり感じられるようになる。求めるのは「完全さ」でなく、「自分にとって完全な相手」なのだ。

2　過去を美化しすぎる女性

過去に男性から不当な扱いを受けたり、傷つけられたりした経験のある女性は、男性にたくさんの条件をつけがちになる。そればかりか愛され、だいじにされた経験をもつ女性でも、条件が多くなることがある。愛する人と死別した場合は、現実以上に相手を美化してしまうからだ。離婚の場合でも、別れた夫を美化する傾向をもつ女性は少なくない。

過去を美化する傾向は、男性のほうにも見ることができる。女性でも男性でも、別れた相手にまだ愛着があれば、そのあと出現する相手は、もとの相手にかなわないだろう。こうした愛着から抜け出せなければ、新しい相手の正当な評価は期待できない。

もとの相手と新しい相手をついつい比較してしまうのをやめるには、まずその気持ちに逆らわないことだ。もとの相手と新しい相手を比較したり、代役を期待したりするのは、まだ別れて日が浅い場合が多い。新しくデートを始めるときは、過去を切り捨てるのに時間がかかることを、しっかり認識しておこう。

女性も男性も、無意識のうちに、もとの相手を尺度にしていては、チャンスが狭くなる一方だろう。もちろん知りあったばかりの人が、もとの相手と同じ気持ちにさせてくれることはないだろうし、そもそも現在の相手はもとの相手に劣るのでなく、たんに違っているだけなのだ。ひとりの男性しか愛せないとか、ひとりの男性の愛しか受けたくないと考えていては、多くのものを逃がしてしまう。

それでも頭のなかでは、まだまだ比較しつづけるかもしれないが、ハードルをさげて、ただの友だちや仲間と知りあうつもりでデートを重ねれば、そのうち比較することも少なくなるだろう。いずれにしても完全に心の整理がつくまで、複数の男性とデートを重ねるのが賢明だろう。この瞬間につかみとれる新しい愛と友情を知ることで、過去を捨てるのが楽になるだろう。

3 悲しみから抜け出せない女性

女性はいつまでも寂しさや悲しさにしがみついて、再び傷つくことから自分を守ろうとする傾向がある。たとえ孤独でも、誰《だれ》かとつきあうよりはずっと楽だからだ。しかし、そうしているうちに、ほろ苦い悲しさがやがて「絶望」に変わっていく。前進しようとしても、なぜか暗い心から離れられなくなってしまう。

怒らないようにしている女性の場合、心の癒しがうまく進まないことがある。寂しさや悲しみを乗り越えるには、それ以外の感情をもつことが必要なのだ。女性でも男性でも、怒りを十分に感じてから悲しさや寂しさを解放しないでいると、新しいことへの恐れがふくらむばかりでうまくいかなくなることになりかねない。まして死別してしまった場合は、誰に対して「怒り」を感じたらいいのかさえわからなくなってしまうこともある。しかし、悲しみから抜け出すためには、まず本当の怒りを感じる必要があるのだ。また、離婚した場合は、相手に対する怒りを感じることは容易なはずだ。どんな場合でも、自分の気持ちをしっかりと見極めることが必要だ。

4　ほかの人を愛したら裏切りになると感じる女性

潔癖な女性の場合、もう誰も愛さないでおこうと決意して、愛を遠ざけてしまうことがある。とくに死別のときは、新しいつきあいが夫への裏切りになるように思えてしまうのだ。だが心が癒えれば、天国の夫は妻が愛なしで生きることを決して望んでいないと気づくだろう。愛に心を開けば、天国の夫も喜んでくれるはずだ。

もういちど人を愛するには、否定的な感情だけでなく、肯定的な感情を感じることも必要である。自分で意識的に、もういちど人を愛することを許さなくてはならない。「もう誰も愛してはいけない。夫を裏切り、傷つけることになるから」と思ってはいけない。こんな誤った考えは、できるだけ早く捨て去ることが必要だろう。

もういちど人を愛しても、決して亡くなった夫を裏切ることにはならない。天国の夫は、残した妻が幸せになることだけを望んでいるからだ。過去を切り捨て、自分の人生を歩んでほしいと思っているにちがいない。また人を愛するようになっても、死んだ夫への特別な愛を持ち続けることができる。向こうは嫉妬《しっと》などするはずがないのだ。もし死んだのが自分だったとしたら、残した夫に愛のない一生を送ってほしいと思うだろうか。

「幸せを感じたら、夫を本当には愛していなかったことになる」と思ってはいけない。

もういちど幸せを感じても、それは死んだ夫を愛していなかったからではない。愛は誰にとっても必要なものだ。仮に誰かの愛を受けとっても、絶対に夫への愛が消えることはない。もういちど幸せになることに問題はないのだ。幸せになっても、夫がいなくなったことを喜んでいるわけではないだろう。自分の人生に必要なものや、受けとって当然のものを手にいれることで、幸せを感じることができるのだから。

「いなくなっても悲しくないのは、本当は夫が恋しくないのだ」と思ってはいけない。

夫を失った女性は、夫を愛していたという理由だけで悲しむのではない。相手にまだ愛着が残っているから、悲しい思いをするのである。癒しのプロセスでしっかりと悲嘆にくれた人は、しだいに愛着を切り捨てていくが、これは決して、死んだ夫への愛を切り捨てることではない。愛着が途切れても、相手は心のなかで生きつづける。相手のことを考えると、まだ多少は寂しさに襲われるかもしれないが、その寂しさには、相手を失ったつらさでなく、相手を愛する喜びが混ざっている。

愛はわたしたちをすばらしい気分にさせてくれる。苦しみの原因は、愛を失ったことにある。愛する人を失ってつらいのは、相手を愛していたからでなく、相手を失ったことに抵抗があるからにほかならない。相手がいなくなってしまった現実を、まだ受け入れることができないのだ。

相手を失ったことを受け入れると、痛みはしだいに消えるだろう。しかし、痛みが消えるのは、相手を愛することをやめたからではない。むしろその逆で、痛みが癒えたときは生前の夫に感じていた愛を、再び感じることができるようになる。

5　デートのたびにセックスのプレッシャーを感じる女性

女性がデートする際に感じるプレッシャーと、せっかくの愛のチャンスを逃がしてしまうこととは無関係ではない。現代の女性は世の風潮から、男性とつきあうと、すぐに性的関係をもたなければならないという大きなプレッシャーを受けている。

深いつきあいになるまでに時間をかけようとすると、頭が古いとか、お高くとまっているとみなされてしまう。映画でも、テレビでも、ヒット曲でも、広告でも、雑誌でも、どこを見ても、すぐにセックスをする女性ばかりが目につくご時世なのだ。

しかし、セックスをしたいと考えるのは自由だが、しなければならないというプレッシャーを感じるべきではない。このプレッシャーに負けてしまうと、自分を守らなくてはならないという気持ちが強くなる。そして「どうせ、すぐにセックスをすることになるんだから、セックスをしたいと思えるような相手でなければデートできない」と考えてしまう。そうすると、まずデートをして相手をよく知ろうとする自由がなくなり、その相手がどんな人間かを、第一印象で判断しなければならなくなる。これでは「オーケー」か「ノー」という、極端な選択肢しか残らない。

心の傷が完全に癒えていても、他人を知るには時間がかかる。出会った瞬間に相手を判断し、デートをするかどうかを決めて、セックスの義務から身を守ろうというのでは、相手が拒絶されたと思うだけでなく、自分のほうも愛を見つける機会を逃がすことになる。

女性のセックスに対する考えは、男性と大きく違っている。男性には、セックスをしたい女性はすぐにわかるからだ。女性はその逆で、愛を見つけるには、すぐにセックスしてはいけないという気持ちが先にたつ。つまり、時間をかける必要があるのだ。

しかし、何をしようと自分の自由なのだ。すぐにセックスをすることに無理なく「ノー」といえれば、それほど条件をつけずに男性とデートできるだろう。そのあとで準備ができたときに、自分の気持ちに従えばいいのである。

6　デートでセックスを断れない女性

デートをセックスと結びつけると、愛は逃げていく。恋愛への期待と、チェックリストから解放されるには、まずいろいろな相手とデートしてみることだ。ただし、セックスをする必要はないのだ。

一対一の真剣なつきあいでないかぎり、傷つかないように用心する必要はない。わたしたちが傷つくのは、誰かに愛着をもち、そのあとで、その人の愛を失ったときだけである。だから、誰にも愛着をもたないまま過ごすことができれば、傷つくことがなく、さまざまなかたちで愛を経験することができる。

同じ時期に、三人の相手とデートするのもひとつの方法だろう。ひとり目が、そろそろデートをやめようかという相手で、ふたり目が今の本命で、三人目がデートを始めたばかりの相手だというような設定はどうだろう。そのうちの誰ともセックスをしたり、親密になったりしなければ、傷つくことはないはずだ。

そのうえ何人かの相手とデートをしていれば、そのうちの誰かからセックスを求められても、断りやすくなる。ほかにデートしている男性がいれば、別の男性の求めに「ノー」

といいきるのは簡単だろう。男性のほうも初めから、ほかにデートの相手がいることを知っていれば、傷つくこともないだろう。

これを聞いて「三人ですって！　ひとりとだってデートできないのに！」という女性がいるにちがいない。こういう人こそ、この方法を実践してみる必要がある。何人もの相手とデートをするには、条件のリストを捨てて、理想を低く設定しなければならない。デートに誘われにくい女性は、自分からそのチャンスを遠ざけていることが多い。たとえば、えり好みしすぎなのだ。男性にたいして、何かの形で、「あなたに興味はない」というメッセージを送っているのかもしれない。

こんな状況から脱出するには、まず、結婚やセックスを望まない相手とデートをしなければならない。理想をいえば、こちらに興味を示しているが、性的魅力を感じない男性を相手にすることだろう。こうすれば、深い関係に進みそうなプレッシャーを感じないで、デートにでかけることができる。デートで相手に好意をもてば、だんだん心が開いていくだろう。セックスを断る自由をもつことで、適切な時期にセックスを受け入れることができるようになる。

複数の相手とつきあうことに、抵抗を感じる女性がいないわけではない。「いちどに何人もの相手とデートなんかできないわよ。わたしはずっと一夫一婦主義なんだから」というわけだ。だが複数の相手とのデートは、複数の相手とのセックスと同じではない。世間の人たちがデートとセックスをすぐに結びつけるため、セックスなしのデートが忘れられている。試してみれば、何人とでもデートをできるはずだ。

「親友はひとり」と思っている人は多いだろうが、だからといって、ほかの友だちをもてないわけではないだろう。それと同じで、一夫一婦主義を信じていても、複数の相手とデートをできないわけではない。いろいろな男性とデートをして、そのうち特別な相手が見つかれば、それ以外の男性とのデートをやめればいいだろう。自分の心の友になりそうな男性を見つけたと思ったら、そのときが一対一の公認のつきあいを始めるときである。

7　自分の存在を認識するためにセックスをする女性

新しく出発しようとする女性が犯しがちな間違いのひとつに、男性とつぎつぎに性体験を重ねることで、自分の価値を認識することがある。自分に愛される価値があると感じたいために、男性の興味や愛情を求めるわけだ。性的に無視された経験があると、この傾向はとくに顕著になる。いっしょに暮らした相手にないがしろにされたり、何をしても感謝されないという経験があると、自分を認める気持ちがもてなくなってしまうのだ。

相手が別の女性を愛したり、別の女性を選んだ場合は、なおさらのことだ。自分を価値ある女性だと思えるように男性にセックスを許し、相手の興味や愛情を求めようとする。残念なことに、このアプローチは逆の結果を生む運命にある。このような行動は、自分の価値を他人に決めさせることになるからだ。性的刺激がほしくて男性を受け入れるのは健全だが、愛される価値を感じるためにセックスするのはよくない。男性の愛情を受け入れるのは、自分が愛される価値があると感じられるようになってからのほうが望ましい。

心を癒すときは、男性の興味や愛情に頼らないほうが望ましい。女性にとっても男性にとっても、まず自分を愛し、そのうえで愛される価値を感じるほうが、健全な関係を築くことになる。そのようにしていれば、真剣に愛してくれる人をひきつけ、また、そんな人にひきつけられるようになる。

自分で自分の価値を認められるようになったら、ほかの男性に愛や支えを求めることができる状態になっている。自分がどういう人間かを把握していれば、自分の価値を見失わずに相手とつきあうことができる。

すぐにデートを始めずに、過去から引きずっている感情をじっくり処理するのが、自分を認める感覚をとり戻すのに効果的である。以前の相手に無視されて、ただ寂しいだけでなく怒りも感じるようになったら、そのときは自然に自分の価値を認められるようになっているはずだ。怒りを感じて相手を許し、そしてその怒りを解放すれば、デートを始める準備が整っている。

8　自分の価値を知らないためにセックスを義務と感じる女性

セックスを義務と感じることも、女性が新しい愛を受け入れられなくなる一因になる。そんな女性は、お返しにセックスをしなければならないと感じて、男性のプレゼントを断ることが多い。

わたしは女性にたいするアドバイスとして、男性に食事代を払わせて、セックスはしないというアドバイスをすることがあるが、悲しいことに、たいていこういう返事が返ってくる。

「セックスぬきで食事に誘うわけがないじゃないですか、何もメリットがないのに」

このように考えてしまうのは、食事につれていってもらえば、相手の男性の性的衝動を満足させなければならないと感じているからにほかならない。男性におごるといわれて断るのは、借りをつくったと思いたくないからだが、これこそ自分を低く見ている証拠だろう。男性に対する自分の価値がわかっていないのだ。

仕事やビジネスの場には、大勢の自信にあふれた女性たちがいる。だが、彼女たちは男性とのつきあいの場になると、自分にセックスの価値しかないと、つまらないことを考えてしまう。男性は基本的には、いっしょにいたり、話をしたり、何かをしてあげたりする機会がほしいだけだが、女性にはそれがわかっていない。そんな女性は、セックスでお返しをする義務など感じないで、男性の好意の受けとり方を学ぶ必要がある。

女性には、自分の価値を認めることのできない人が多い。女性が生活費の稼ぎ手として男性を求めているわけではないように、男性も子どもの母親としての女性や、家事を担うだけの女性を求めているわけではない。そしてどちらも、愛や、ロマンスや、情熱を求めているのだ。

現代の男性は、女性の価値を決めるにあたって、「どんな女性か」ということと、「その女性がどれほど自分を愛してくれるか」によって評価する。いろいろな支えも求めるが、いちばん求めるのは、セックスでなく愛なのだ。関係が深くなるにつれ、セックスは女性が自分の愛を男性に伝える手段になるだろうが、それは数多くの手段のひとつにすぎない。

男性にとって、セックスは愛の最高のかたちであり、女性における結婚のようなものだろう。男性がセックスしか望んでいないと考えるのは、女性が結婚しか望んでいないと考えるのと同じことである。どちらにも多少の真実はあるが、それではあまりに考えが狭すぎる。男性の場合、結婚したいという考えは、どちらかといえば、あとからやってくる。同じように女性のセックスをしたいという欲望は、あとからやってくるのだ。

男性は女性を大切に思うようになると、セックスをしたいと思うと同時に、いっしょにいたいと考える。同じく女性は、その男性と結婚したいと思うだろうが、ただいっしょにいるだけで楽しいと考える。これは結婚するために、楽しいふりをしているわけではないのだ。女性が結婚したいと望むのは悪いことではないし、男性がセックスをしたいと望むのも悪いことではない。

いっしょに食事をしたからといって、男性は女性と結婚する義務を感じたりはしない。同じく女性は、男性が食事代を払ってくれたからといって、セックスをする義務を感じたりすべきではない。笑顔でごちそうさまといえば、あとはなんの借りもないだろう。

相手を大切に思えば、男性はセックスができないとわかっても、デートに誘って楽しいときを過ごそうとする。つまりふたりとも、相手の愛が必要なのだ。

しかし、男性はセックスの機会がないと、引け目を感じることがある。男性にはセックスをしなければという社会的プレッシャーとともに、ホルモンのプレッシャーもある。女性は三七歳ごろを過ぎてから、ホルモンのせいでセックスへの強い衝動を感じ始める。もちろん、それまでもセックスを楽しむが、そのころから性的衝動が亢進《こうしん》することがある。

皮肉なことに、男性のほうは三七歳を過ぎるころには、性的衝動が先細る。男性のホルモンが落ち始めるのだ。しかも、周囲の男性は誰もがセックスをしているように思えるので、プレッシャーを感じざるをえない。だから、セックスの要求に女性が応えてくれないと自尊心が傷ついてしまう。しかし、女性がそれに責任を感じる必要はない。男性は女性とのセックスに頼らずに、自分の価値を探さなければならない。

しかし、断り方によって、男性はずいぶん救われる。ほかの男性ともデートしているとはっきりいわれれば、納得もする。さらに、相手が自分より先にデートを始めた男性なら面目もたつし、自分の魅力を否定されたと感じることもない。そして、あなたを大切に思う気持ちが強ければ、改めてあなたの相手になりたいと立候補してくるだろう。

9　熱烈な愛情を待ち望む女性

出会った瞬間の情熱を期待するあまり、恋愛をあきらめてしまう女性がいる。会ってすぐに、からだが震えるほどの情熱を感じなければ、相手に興味がもてないのだ。

別れの悲しみを避け、そのために感受性が弱まっている女性は、原因が自分にあることに気づかず、理想の男性さえ出現すれば愛を感じることができると考える。自分の内部に情熱を感じられずに、情熱に火をつけてくれる男性の出現を期待する。

抑圧した感情の処理をすませていない女性は、好感のもてる男性が好意を示してくれても、強い興味をひかれない。危険な関係でなければ、生きる喜びを感じないのだ。何か劇的な緊張がなければ、心が動かなくなっている。だから、相手の愛を失うかもしれないという危険性を感じると、逆に激しく興奮したりする。

生きるための情熱を男性が目ざめさせてくれると思っているかぎり、彼女は失望しつづけるだろう。映画やテレビと違って、女性の情熱に火がつくには時間がかかるし、愛のこもった会話が必要なのだ。現実の世界で愛を手にいれる女性は、急いで性的興奮を感じようとしない。そこまでの感情を育てるには、時間がかかるからだ。

男性の場合は、女性に会った瞬間に性的情熱を感じることがある。女性とは頭の配線が違うのだ。まず性的にひかれ、それから少しずつ愛情を感じ始める。これにたいして女性は、まず男性のキャラクターに興味をもち、それから性的魅力を感じるようになる。女性は心より先に、頭に火がつく仕組みにできている。

女性が男性と出会ってすぐに性的にひかれるときは、相手を以前から知っているような錯覚を感じているが、現実にその男性を知ると、想像との落差に失望する。つまり、男性と出会ってすぐに性的にひかれたら、それは相手に背を向けて逃げろという警告だと考えてよいだろう。

情熱を求める女性は失望の世界の住人だ。求める情熱を感じさせてくれるのは、どこか危ない男だろう。登山家が危険を求め、レーサーがスピードを追求し、アルコール中毒患者が酒を求めるように、彼女はいずれ自分を傷つける危ない男性を求めている。

10 ワルな男にひかれる女性

友人から「気をつけなさい」と忠告されるような相手ばかり選んで、つきあう女性たちもいる。自分のためにならない相手だとはっきりわかっても、見切りをつけないで、目をつむって愛を獲得しようとやっきになる。

これではわざと傷つくように、わが身を追いこんでいるようなものだろう。生きる力を情熱に求めるかぎり、純粋に興味をもってくれる相手や、敬意を払ってくれる相手にひかれることはない。

女性がほしいものを与えてくれない男性にひかれる直接の理由は、新しいつきあいを始めるタイミングが早すぎることにある。時間をかけて心を癒していれば、自分の希望や要求に近い相手に自然にひかれるようになる。苦しみにしがみついているあいだは、どうしても、結局は傷つけるような相手にひかれたり、引きつけたりしてしまう。この法則は男性にもあてはまる。

抑圧してきた感情から逃げていると、その感情をもういちど感じさせてくれるような相手や状況にひかれやすい。こんな男性は、まともにつきあう相手として適さないが、過去の感情に触れようとする目的にはぴったりなのだ。

ここで時間をかけて、自分の感情をじっくり理解すれば、くり返して傷つくパターンから脱出することができる。そして心が癒えたときは、つきあうのにふさわしくないワルな男にひかれなくなっているだろう。

11 映画のようなロマンスを求める女性

映画のような恋が起こることを期待して、愛を受け入れない女性もいる。これはハリウッドに大きな責任がある。映画と現実の大きな違いは、わたしたちの横に、いうべきせりふを考えてくれるプロのシナリオライターがいないことにある。相手もまた、完璧《かんぺき》なせりふを完璧に感情移入して、完璧な表情でいうプロの俳優ではないのだ。

現実の生活では、なんども撮影し直したり、照明を調節したり、監督の注文に応えたりすることはできない。

映画はシナリオや俳優が非現実的なだけでなく、状況設定が誇張され、緊張が最高に高まるように演出されている。

情熱が高まって解放されるのは当然なのだ。つまり、現実には起こりえないできごとの積み重ねが、映画だということができる。

映画を見て情熱の甘さにうっとりし、「ああなりたい」と思っても、家に帰ればまた日常の雑事に追い回されて、マジックはあっさり消えてしまう。

相手の男性も、ただの人間なのだ。すると、映画のマジックを現実の生活に望む気持ちが強くなる。

しかし、映画はつくりものでも、映画を見て感じるわたしたちの気持ちは本物だ。だから、映画と同じ情熱を感じとれないわけではない。その情熱はわたしたちのうちにあり、顔を出すチャンスをうかがっている。

映画は日常生活に欠けているものを見つける手助けをしてくれても、平凡な生活のなかで情熱を探す方法を教えてくれない。その情熱を見つけたければ心を癒す方法を学び、全身で愛したり感じたりする力を、もういちどとり戻さなければならない。そして、ロマンスをつくりだすための新しい技術を学ぶ必要がある。

12　ロマンスを求めすぎる女性

考えがロマンティックになりすぎて、恋愛に縁遠い女性もいる。ロマンス小説を読んだり、恋愛映画やテレビドラマを見たりして、そのようなロマンスが現実に起きることを期待する。そして、完璧な男性を求める。この期待を現実のレベルまで引きさげなければ、どんな男性も希望や幻想を満たすことはないだろう。

このような幻想をもつ女性は、すべての点で理想どおりの相手を求める。話はよく聞いてくれるが、自分のこともよく話す。ロマンスにも多くの時間をさいてくれる。大胆で危険を好むが、足が地についている。多くの活動に参加して趣味も広い。他人の影響を受けないが、女性の考えに理解を示す。自立心が強いが、愛なしでは生きられない。必要なときはまじめになるが、ふだんは茶目っ気たっぷりに楽しませてくれる。タフで堅実だが、思いやりや繊細さを示すこともある。

人間の美点ばかり集めたような、こんな男性が存在するわけがないだろう。

たしかに本当のロマンスはあるし、手にすることもできる。本当のロマンスは、このような特質を全部もっている男性と会うことで実現するものではない。おたがいがロマンスを感じるように努力したときに実現する。

自分の感情がわからなかったり、過去の恋愛から引きずっている感情が残っていたりすると、相手が何をしてくれても満足できなくなる。女性も男性も抑圧した感情があると、つねに現状に不満を抱く。現実に手にはいらないものを求めれば、失望するのは当然だろう。

結婚生活やつきあいに多くを求めるのは、別に悪いことではない。だが、すでに手にしているものにも満足する必要がある。それができないのは、まだ過去の感情を抑圧しているということだ。心を開けば、自分のもっているものを愛し、感謝し、さらに望みつづけることができる。もっとほしいと望むことは、不可能なものや非現実的なものを望まないかぎり、悪いことではない。

13 優しい男を求めすぎる女性

男性に繊細な優しさばかりを求めて、縁遠くなる女性もいる。過去三〇年間、多くの女性が「男よ、デリケートであれ」と訴えてきた。しかし、実際に理想どおりの男性に出会ってみると、満足できなくなる女性が多いようだ。また、わたしにカウンセリングを受けている男性のなかにも、自分は女性の理想にあっているはずなのに、彼女たちは「悪い男」のほうを選ぶと、不満げな顔をする人が多い。

女性が「デリケートな」男性とつきあい始めると、相手の繊細すぎるところに不満感をもつようになる。愛していても、こまやかさが気にいらなくなるという。母親のように世話をやき、はれものにさわるように扱わなければならない。あまりに頼られすぎるので、うんざりしてしまうのだ。男性に「繊細な優しさ」を求めている女性がほんとうに求めているのは、自分にたいする優しさなのだ。

しかし、自分の感情がわからない女性は、それができる男性を求めようとする。自分の心を開ける人なら、こちらの心も開いてくれるだろうと期待するわけだ。しかし、男性が心を開けば開くほど、女性のほうは相手に尽くさなければならなくなる。

それとは逆に、夫が心を開こうとしないと訴える女性は、自分が夫に心を開いていないことが多い。この問題を解決するには、夫に心を開かせるのでなく、夫に妻の気持ちを尊重させて、妻が心を開くようにしなければならない。

男性も心を開くことは必要だが、男女間の問題を解決する第一歩は、女性が安心して自分の気持ちを話せる環境をつくることだ。それができなければ男性が何をしても、女性は満足しないだろう。男性は繊細であってもかまわないが、強くなる必要がある。相手の女性が自分を必要とするときには、自分自身の感情を脇《わき》に置いても彼女を助けようとしなければならない。

夫は自分が男らしくなりさえすれば、相手のほうも女性らしい気持ちになれることに気づくだろう。初めはむずかしくても「気持ちを抑える」訓練を積むにつれ、新しい力と強さが湧《わ》きでるのを感じるだろう。

一方、女性のほうは、自分を女性だと感じるように心がける必要がある。それがないと、男性との関係がうまくいかないだろう。仕事を終えて家に帰ったときや、ひとりで子どもたちの面倒をみつづけた長い一日の終わりにも「女性らしくいたい」と感じる気持ちが必要になる。何よりも重要なのは、誰かがそばにいてくれることだ。大切に思ってくれるうえに、話を聞いてくれて、苦労を理解してくれる誰かが必要なのだ。

しかし、デリケートな男性を見つければ、この問題が解決するかといえば、そんなことはない。現代の女性が必要とするのは、女性の気持ちを尊重してくれる男性だ。自分自身に優しいのではなく、相手の女性の気持ちを察してくれる男性である。これからの三〇年間、女性はこう訴えたらどうだろう。

「男よ、女にたいしてデリケートであれ」と。

14 悪い面ばかり見る女性

悪いことばかり考えて、恋愛をあきらめる女性がいる。夫や恋人と別れてつらい思いをすると、さまざまな理由をつけて新しい男性とつきあわなくなる。本当に愛しあう関係になりさえしなければ、何も失うものがないというわけだ。そうすれば、また傷つくこともないと思うのだろう。

そんな女性は、夫婦の五〇パーセントが離婚するのなら、わざわざ結婚することはないと考える。男性のほうも、同じくこのパターンにおちいりやすい。統計上のデータはたしかにそのとおりかもしれないが、それなら幸せな結婚生活を送っている夫婦が何百万組もいることや、一日に何千組ものカップルが結婚して、そのあとずっと幸せに暮らしていることを、どのように説明するのだろうか。

結婚を否定するこの理論は、少し考えてみればすぐに崩れてしまう。金持ちが五〇パーセントしかいないとわかっても、お金もうけを考えないわけにはいかないだろう。

以前の相手や、その相手との生活から感じた否定的な感情の癒しを避けていると、異性全体に対して否定的な態度をとるようになる。女性の場合は「とにかく男は信用できないんだから、男なんていないほうが幸せだ」という信念を裏づける話にすがりつく。男性の場合は「女のために努力するなんて無駄なことだ。何をしてやっても満足しないんだから」と考える傾向がある。どちらの態度も、一生の愛を見つけるには害になるだけである。

このような人たちは、ひどい目にあった人たちについて話したり、聞いたりするのが大好きだ。心をきちんと癒していない女性では、この傾向がどんどん強くなる。そして皮肉にも、こうした立場に本物の安心感を感じとる。だが、この安心感は一時的なものでしかなく、その裏には寂しさが隠されている。永続する本物の安心感を見つけるには、心の傷を癒さなければならない。

15　男なんていらないと思う女性

相手と別れて、ひとりで何でもできるようになりすぎるため、愛から縁遠くなる女性もいる。こんな女性は、他人の力を必要としていると見られることをひどく嫌う。そして、他人をあてにするのは弱い証拠だと考える。だから、誰かの助けを求めたり、頼ったりしないでおこうとして恋愛や支えに心を閉ざす。このような女性は、ほかの人の助けを素直に受け入れられるようにならなければ、新しい愛は手にはらないだろう。

このような女性は、愛を必要とすると苦しくなるから、愛を求めないようにしようとする否定的な生き方をしがちである。つまり、まわりの人たちの支えを望まないで、すべての欲求を自分で満たし、自分で自分の面倒をみようとする。時には方針を変えて、再び愛を求めようとすると、解決されていなかった心の痛みを感じないわけにはいかなくなる。すると、愛を求めるのがますます苦しくなってしまう。

この袋小路から抜け出すには、愛が苦しみでないことを知らなければならない。何より現在の苦しみを過去の苦しみに結びつけて、癒しをはかる必要がある。子どものころに愛や支えが必要だったのに、それが手にはいらなかったときのことを思いださなければならない。大人の女性がなかなか人を信頼する気にならないとき、その原因はたいてい子どものころのできごとにある。

愛の重要さを否定する女性は、しだいに依怙地《いこじ》になって、支えを受けることまで拒絶する。自分では気づいていないかもしれないが「わたしは強い。助けなどいらない」という強いメッセージを発信しつづける。これでは孤独になるだけでなく、人生を楽しむ力が発揮できないだろう。

男性が女性にひかれるには、その女性の人生にかかわれると感じなければならない。女性が男性の必要性を否定して信頼や感謝などの感情を切り捨てれば、そばで助けたいという男性をすべて失うことになる。
そんな女性は男性の支えだけでなく、どんな人の支えも敬遠する。誰かが精神的に支えようとすると、そんなものは必要がないとばかりに、すぐに拒否の姿勢をとる。他人を積極的に支えることがあっても、自分が支えを受ける側になると、とたんに気難しい顔をする。

もちろん、自分でなんでもできると思うのは悪いことではないが、ここには危険がつきまとう。たとえば、これまで男性に経済的・肉体的に支えられ保護されてきた女性が自立するようになると、危険な兆候が現れる。経済的・肉体的な支えの必要がなくなれば、男なんていらないと思うようになることだ。

女性が男性を必要とする理由を失えば、男性の支えに心のドアを閉ざす。ところが実際には、経済的・肉体的支えを必要としなくなればなるほど、女性は男性に精神的な支えを求めるようになる。仕事や社会で成功すればするほど、男性の精神的な支えや慰めを求める気持ちが強くなるのだ。

女性がこのような状況を認めることはむずかしい。さんざん苦労したあげく、やっと経済的に男性に頼らずにすむようになったときに、気づいてみたら、こんどは精神的な支えを必要としていたというのでは救いがないだろう。こんなことは自分のイメージにあわないので、多くの女性はそれを心の底にひた隠しにする。

　自分に自信のある女性でも、別れのあとに心の痛みを感じてきちんと癒しておかなければ、愛を受け入れるのがむずかしくなるだろう。しかし、苦痛をとりのぞく必要があることを否定しないで、信頼や感謝などの感情を一歩一歩とり戻していけば、そのうちに引きずってきたつらい感情を少しずつ感じ始めるようになるだろう。

16　すべてを自分でやらないと気がすまない女性

　あれもこれも引き受けすぎて、恋愛や支えを遠ざける女性も少なくない。他人のことで忙しくて、自分の時間がとれないのだ。こんな女性にかぎって、他人に自分の頼みごとをできない人が多い。他人の要求はなんでも満たそうとするが、他人が自分の要求を満たすことは許せないのだ。

　このように、しなければならないことが多すぎるとストレスがたまるが、精神面では都合のいいこともある。まず、いつも忙しいので頼みを断るときにも気がとがめない。また自分にできることはやっているから、手伝いを頼んでも後ろめたくはない。さらに自分を振り返る時間がないから、心の痛みや孤独を感じる余裕がないだろう。

女性はこのように他人を苦痛から救うことで、自分の苦痛から逃げることがある。もちろん、他人を助けるのは悪いことではないが、自分のために時間を使い、自分に必要な助けを求めることも大切だ。自分の気持ちを誰かに伝えるようにすれば、自分に何が必要かを感じとることができるだろう。

こうしたアドバイスにたいして、忙しくて自分の気持ちを話す余裕などないと反論する女性も数多い。自分に問題があることに気づかなければ、問題はいつまでも解決しない。自分のために休暇をとって必要感を満たし、心の底で感じている苦痛をじっくり探る必要がある。

忙しい女性は活気のある日々を送っていても、心のなかは孤独なのだ。いくら人に与えても見返りは返ってこない。他人に与えるばかりで、自分にはいっさい見返りはないのだ。他人に与えつづけて自分の支えがないと、いつかはうつ病にかかってしまう。

うつ病の原因は、おもに自分が孤立していると感じることにある。愛を遠ざければ遠ざけるだけ、孤立感は強まるだろう。そしていつか、愛、喜び、感謝、信頼などを感じる力も消えてしまう。こんな状態を避けるには、まず自分の話を聞いてもらう必要がある。苦痛を誰かに知ってもらえれば孤立感もなくなり、肯定的な温かい感情が戻ってくるにちがいない。

あれもこれもしすぎる女性は、他人の苦しみや要求を知っていても、自分の苦しみや要求を誰にも知ってもらえないところがある。まわりから助けがいらないほど強いのだろうとか、どこかで助けてもらっているのだろうと思われているだけなのだ。

男性が憂うつな顔をしていれば、誰でも一目で気づくだろう。男性の憂うつのおもな原因は、誰にも必要とされないことにある。これにたいして、女性は必要なものが手にはいらないとふさぎこむ。そして、その憂うつな気分が根をおろし始めると、誰かの手助けをしなければと思い、そしてますます助けるのが自分の義務だとまで考える。

そんな女性がつきあうのは、他人の助けを必要とする男性である。手助けしてほしい男性は、すでに憂うつになっているので、女性を支えることはできない。たとえ初めは憂うつでなくても、いっしょに暮らすうちにそうなっていくだろう。というのも、男性は女性を助ける力がないと感じると、気力を失ってしまうからだ。そんな気のぬけた男性を見ると、自分でなんでもしすぎる女性は、彼を助けようとする使命感にさらに燃える。

生活にストレスを感じたとき、一般に女性はつぎつぎと仕事を増やすが、男性はエネルギーを失っていく。男性のエネルギーは仕事の場にはあっても、家に帰るともう残っていない。だから活力や意欲をなくして、ソファーでごろごろするわけだ。女性は逆に家に帰ると、あれもこれもしなければと意欲的になることが多い。そのためエネルギーを使い果たして、完全に消耗してしまうこともある。

「しない」ことを学ぼう

男性は、「しない」ことをわざわざ学ばなければならない人はほとんどいないが、女性は学ぶ訓練が必要だ。その訓練には、四段階がある。

第一段階は、自分の気持ちや苦痛を他人に伝えることにある。話すことで消耗しきった自分の心と、「しない」ことの重要さを結びつけるようにする。誰かに話せば、重荷をひとりで背負わなくてすみ、安心感をもてるようになる。そしてリラックスして、「しない」でいることができるようになる。

第二段階では、わざと自分のためになることしかしないようにする。マッサージ、セラピー、買いもの、ちょっとした旅行などのことだ。やがてリラックスして人生を楽しむと同時に、世界は自分がいなくても回るのだと理解できる。そうすれば「しなければならないこと」をしなくても、空が落ちてくるわけではないとわかるだろう。

「それでは、戻ったときに仕事が増えてしまう」と思うかもしれないが、たとえ仕事がたまっていても、ちゃんと休暇をとらなければならない。そうすれば、自分から切迫した状況をつくっていることに気づいて、変えることができるようになる。

第三段階では、助けを求める技術を学ぼう。第二段階で自分の時間をつくったことで、何を求めるべきかわかっているはずだ。他人を頼るより自分でやったほうが早いと思っていても、仕事がとどこおってしまったら助けを求めるしかないだろう。

第四段階では、他人の要求に「ノー」というようにしよう。冷たくならない「ノー」のいい方はむずかしいが、意識して練習しておけば、しだいに感じのいい断り方ができるようになる。必要なのは「ごめんなさい、できないの」のひとことである。

「ノー」をいえない女性は、過去に「ノー」といわれたときの感情を引きずっていることが多い。断られるつらさがわかるからこそ、自分からは断りにくいのだ。このパターンは、過去の傷を癒さなければ変えられない。過去の傷が残っていると、「ノー」だけでなく頼みごともできなくなる。そして、つらい思いをしないように誰にも頼まず、なんでも自分でやってしまう。過去に何かを必要としたとき、気づいてもらえないか、認めてもらえないか、満たしてもらえないことはなかっただろうか。ゆっくり振り返り自分の気持ちを探っていけば、やがて当然の怒りや非難を感じて、相手を許せるようになる。

しかし、あまりすぐに許したり、理解したりするのはいけない。それは、自分が傷つき苦しんでいる事実から目をそらす安易な逃げ道になることもあるからだ。「気にしないでいいのよ。わかってるから」というようなことばは、自分の気持ちを抑える手段に使われることもめずらしくない。

あまりにも自分を抑えて他人に尽くす女性は、過去に自分本位の相手か、要求の多い相手か、いいかげんな相手のために傷ついたことがあるにちがいない。他人に何かをしてあげたいという気持ちを健全なレベルに戻すには、相手に怒りを感じて許さなければならない。ほしかったものが手にはいらなかった悲しさを感じ、それが自分の責任でなかったことを認める必要がある。とにかく「しない」ことに耐えられるようになるまでは、誰の支えもなく、ひとりでいなければならないだろう。自分の時間がないと考えているのなら、男性のための時間もないはずだ。

17 他人の世話をやきすぎる女性

人助けばかりして、恋愛のチャンスを逃す女性も数多い。もちろん、他人を助けるのはいいことだが、それが自分の要求から目をそらす手段になることもある。自分より大きな問題を抱えている人がいれば、自分を哀れに思う余地がなくなるからだ。しかも、人助けも癒しのプロセスから逃げる手段になれば、あまり勧めることはできない。

男性の場合は、他人を助けることが自分の癒しに役だつことが多い。他人の痛みを知ると、自分の感情や要求を意識する機会が多くなるからだ。そして、自分が必要とされているると感じれば感じるほど、自分の苦痛に打ち勝って心を癒そうとする力がみなぎってくる。

女性はその反対に、他人を救うことで自分を見失いがちになる。だから、まだ心の傷が癒されていないあいだは、新しい責任を背負いこまないよう注意しなければならない。時間をかけて自分に何が必要かを感じとり、それを手にいれようと努力しなければ、一生、心の傷から逃げるために他人の世話をしつづけることになる。

愛を求めても手にはいらないと感じた女性は、子どもをほしがる傾向がある。新しい人間関係を築くかわりに、子どもに愛を求める。子どもなら簡単に愛を与えてくれるし、誰かに愛されそうだという幻影をもつこともできる。ペットでもかまわない。ペットなら子育てのプレッシャーがないので、さらに好都合かもしれない。

若い独身女性の場合、男性と親密な関係になるのを避ける安易な方法として子どもに愛を求めることがある。心が癒えるまえに子どもをもてば、必要な愛がえられないだけでなく、子どもに対してもよくないだろう。

このような女性は子どもからでなく、大人から愛を手にいれる方法を学ぶ必要がある。友人や、家族や、特定の相手とつきあって愛に満たされなければ、自分の子どもをもつ準備は十分には整わない。

18　親密になることを恐れる女性

男性と親密になることを恐れる女性のなかには、自分の自由にならない男性にひかれる人がいる。心の奥では愛を必要としているのに、もういちど傷つくことが怖くて、満たされない相手を求めてしまうのだ。

このような女性は決まった相手のいない男性から興味を示されると、親密になることにたいする恐怖心が働いて敬遠してしまう。意識して「この男と親しくなってはいけない。いっしょにいたくない理由を見つけよう」と考えるわけではないが、無意識のうちに相手に批判的になる。

その反対に自由にならない男性に出会えば、とたんに気楽さを感じて、それまで抑えていた愛情がせきを切ったようにあふれでる。でも、何かの理由で、その男性の条件が変わって自由になるようになると、急に気持ちが離れてしまう。

こうした恐怖心を癒すには、どうしても時間がかかる。デートをすることも必要だが、あせってはいけないのだ。まず、今の自分は、結婚相手やセックスの相手を求めているのではないと思えるようにならなければいけない。また、それ以前の恋愛関係から引きずっている感情を探ることも必要だろう。そのためには、少しずつ過去にさかのぼって、できるだけ昔の経験に現在の感情を結びつけることだろう。そうすれば、心のより深いところにある恐れの感情を癒すことができる。そうした恐れは、親から傷つけられたり、裏切られたり、失望させられたりしたときに生ずることが多い。誰かに見捨てられたり、拒否されたりしたときの恐れを処理すれば、やがて思いのままになる男性にもひかれるようになるだろう。

19 子どもは自分を必要としていると思いたがる女性

夫との離婚や死別のあと、父親の役割も果たさなければならないと感じて、子どもの要求を最優先にして、恋愛を遠ざける女性もいる。子どもに両親が必要なら自分が夫の穴を埋めるだけでなく、それ以上のことをしてやろうと思うのだろう。その姿勢は立派だが、そうしているうちに男性の愛を求めたり、受けたりする余裕がなくなってしまう。

夫を失った悲しみが癒えないと、この傾向はさらに強くなる。女性にはもともと他人の面倒をみることで、自分の苦しみから逃げようとする傾向がある。そして子育ては、苦痛から逃げるための絶好の手段になる。子どもに集中していれば、もういちど愛を求めて、再び愛を失う恐れに立ち向かわなくてもすむだろう。子育てに忙しければ、誰かと親しくなりたいとか、誰かを愛したいという欲求を抑えることも簡単だ。それに完全に子どもの世話をしているという満足感も大きいだろう。しかしそれでは、人生から愛を閉めだすことになる。これは母親にとっても子どもにとっても、よいことだとは思えない。なぜなら子どものほうも、母親を喜ばせる責任と重荷を感じてしまうからだ。もちろん、母親には、たしかな男性に支えられて、理解され、励まされたいという大人の欲求もある。ロマンスも必要だ。そうした欲求を母親が満たそうとしなければ、子どもが満たさなければならないと感じるようになる。子どものいちばんの望みは、母親が満足してくれることにあるからだ。

しかし子どもには、母親の欲求を満たしきれるわけがない。彼らは母親を喜ばすために、自分を犠牲にしなければならない。母親を喜ばすことのできなかった子どもは、そのためさまざまな問題を抱えて、後の人生を送らざるをえない。もっとも多いのは、つねに他人を喜ばそうとする大人になることだ。

彼らは大人になってもそのパターンを抜け出すことができず、必要以上の犠牲を払って、後悔して、相手を恨んだりする。あるいは自分の要求と他人の要求の区別がつきにくいため、他人に責任を感じすぎたり、与えすぎてしまう。

なかには責任の重みを背負いきれず、母親を喜ばそうとするのをやめて、母親に反抗するようになる子どももいる。これは子どもにはつらい選択だ。親を喜ばそうとする基本的な気持ちを捨てた子どもは、人生の方向性を見失ってしまう。自分の欲求がわからなくなるので、他人の影響を受けやすい。そのような子どもはみんなと同じことをするか、他人と同じものをほしがるようになる。

母親を幸せにできなかった男の子が大人になると、相手の女性の不満をやさしく受けとめることができず、必要以上に身がまえていらだったり、怒ったりすることがある。自分が満足させられない女性が、もうひとり増えたことに耐えられないからだ。

女の子の場合は、母親のように要求を自分で満たそうとしない大人になるか、自分に欲求があることを否定して生きる大人になるだろう。そして母親が自分にしたように、人に重荷を背負わせたくはないと思ってしまう。相手の男性が自分のことを知りたいと思えば思うほど、自分の気持ちを抑えてしまうのだ。でなければ、自分にも他人にも、とても厳しい態度をとるようになる。

親と子の健全な関係

親と子のあいだには、親から子に向けた無条件の愛が必要だ。何をしても愛されるとわかっていれば、子どもはただ愛を受けていればいいだろう。子どもはその愛と引きかえに、義務感からでなく、自発的に親や他人に与えることを学ぶ。

親を喜ばすことのできる子どもは、むやみに他人を喜ばそうとする大人になることはない。確固たる自分と、他人に尽くしたいという健全な欲求をもつようになる。

親は満たされないときがあっても、子育てでごまかさずに自分で欲求を満たそうとすれば、子どもは責任を感じることはないだろう。

ひとりで子どもを育てている親は、デートをしたいと思っても子どもに気を遣うことが多い。その時間を子どもと過ごすべきだと感じてしまうのだ。もっとそばにいてほしいという子どもの願いを察して、出かけることに罪の意識を感じてしまう。このとき彼女が気づいていないのは、両親がそろっている子どもも、同じ願いをもつということだ。

子どもがより多くを望めば、親は適切な限界を設定しなければならない。親は子どものために、自分の欲求を犠牲にしないようにする必要がある。子どもの要求どおりにほしいものを与えていたり、自分を犠牲にしたりすることは、子どものためにならない場合が多い。もちろん、ときには子どものために犠牲になることも必要だろうが、そんな場合はあとでバランスをとるために、自分の時間を確保しなければならない。親が犠牲になってばかりでは、子どもは限界を知らないままで大人になってしまう。

20 子どもの嫉妬心を気にしすぎる女性

シングルマザーには子どもの嫉妬心や動揺を気にして、男性とのつきあいを控えようとする傾向がある。もちろん子どもは嫉妬するだろうが、それで愛を避けようとするのはおかしいだろう。独身に戻った母親は、積極的に男性とつきあうべきである。

子どもは母親が男性とつきあえば、父親を失った事実に向きあうことができる。また、母親を助けなければならないという負担を感じないでもすむようになる。シングルマザーに必要なのは、子どもに嫉妬させないことでなく、嫉妬心を克服できるように力を貸してやることだ。

シングルマザーが真剣なつきあいを始めたり、婚約したり、再婚したりすると、子どものまえでは新しい相手にたいする愛情表現を控えて、嫉妬心をかきたてないように気を遣うことが多い。これは適切な姿勢のように見えて、そうではないのだ。本当は子どもに新しい相手の長所を強調し、認めさせるようにする必要がある。

子どもが新しい相手を好きになるには、それなりの理由がなければならない。子どもはそもそも母親を、自分だけのものであってほしいと思っている存在なのだ。だから新しい家族に心を許すようにさせれば、相手が母親を幸せにしているという事実をさまざまなかたちで納得させるのが効果的である。

子どもが再婚相手をうとましがっているようなら、子どもとふたりだけの時間をつくってやればいいだろう。子どもは再婚相手が母親とふたりだけで過ごすように、自分も母親とふたりきりで過ごしてもいいはずだと感じているからだ。

親は離婚していようといまいと、子どもを生活の中心に置くだろう。わたしたちはこの気持ちに逆らって、意識して自分の要求を優先していく必要がある。

子どものイライラ

子どもはときに母親の新しい相手に嫉妬して、かんしゃくをおこすことがある。賢明な親はそんなときには、思いやりをもって辛抱強く話を聞いてやろうとする。子どもの苦しい気持ちがわかるからだ。子どもには感情を表にだすことが必要だが、そんな感情はいずれは消えることも理解してやらなければならない。

子どもが新しい家族を嫌ったとしても、それは相手にたいする感情ではない。子どもは両親の離婚にまだ腹をたてていて、その怒りを新しい相手にぶつけているにすぎない。心の傷や、怒りや、恐れが癒えるまで、相手が誰であっても好きにならないだろう。

そんなときは、悲しみを十分に感じとって表現する手助けをしてやることだ。

子どもがどうして、それほど苦しむのかわからないときは、破綻《はたん》を招いた原因が、子どもの意志でなかったことを思いだす必要がある。子どもにとっては新しく家族に加わる人間は、邪魔者である。子どもと母親の関係を阻害する人間にほかならない。

新しい男性とつきあうときは、子どもが動揺することを予想しておいたほうがいいだろう。母親の準備ができていても、子どものほうはまだ、もとの父親と別れた気持ちの整理がついていないかもしれない。こんな場合の子どもは、新しい相手に何かのかたちで嫉妬心を表現するだろう。だから嫉妬は、当然の感情だと思っていなければならない。

その嫉妬心を乗り越える手助けをしてやれば、子どもはほかのつらい感情にも立ち向かって、うまく処理できるようになる。自分で心の傷や、怒りや、恐れを感じとって、やがて自然に乗り越えるだろう。

そのほか、ひとりの子どもの感情が、兄弟姉妹全員の感情につながることもある。ひとりの子どもにたいする対応の仕方が、ほかの子どもにも大きく影響するわけだ。ひとりに何かをいうときは、ほかの子どもの気持ちにも配慮しなければならない。

しかし、母親自身の気持ちの整理がついていなければ、子どもの感情に辛抱強く対応できないだろう。しかも、ここで母親が感情を抑えると、子どもはそれを感じとって、さまざまな行動で表現するようになる。ときには陽気なふりをしたり、元気ぶったり、勉強に熱中したりするだろう。つまり、子どもは自分自身の感情のほかに、母親が抑圧する感情まで抱えこむ。

だからといって、つらい気持ちを抑えずに、子どもにストレートに聞かせたほうがいいというわけではない。それは絶対に感心しないことだ。子どもに親の悩みの聞き役を、決して演じさせてはならない。子どもにそんな役割を割りふれば、親の欲求にさらに責任を感じて、子どもらしい生活を送れなくなるだろう。子どもは敏感で、母親にたいする責任を感じやすいことを忘れてはならない。

21 ことばでなく行動で示す女性

感情がすぐに行動にあらわれるために、恋愛を遠ざける女性もいる。しかし、それは意識的な行動でなく、ほとんど無意識の衝動的な行動なのだ。

たとえば、かつてのつきあいや結婚生活で相手に無視されたり、軽視されたりした経験があると、「わたしを見て。ぱっとしないでしょ。わたしのことを好きになる人なんていないわよね」といわんばかりの身なりをする。この場合は、以前から抑圧してきた感情のせいで容姿に気を遣わなくなっている。

このようなタイプの女性は、別れた相手にたいする怒りを抑圧するので、自分を非難するようになってしまう。そして、誰も関心をもってくれないと思えば、自分自身にたいしても関心を失う。そうすると身なりばかりか、食事や健康への配慮も失って、不健康な生活を送るようになる。そして太ったり、みすぼらしくなったりした姿を見ると、ますます自分を非難する。こうして自分に価値を感じられなくなると、生活の質がみるみる低下する。

誰かわたしを止めて

自分に気を遣わなくなった女性は、「自分を止められないし、どうすることもできないのよ。助けてちょうだい」ということを、行動で示すようになる。こんな行動に出るのは、愛や支えを必要としながら、それを求められないことにある。つまり、気持ちをことばで伝えられないために、自分に抑制が効かなくなる。この場合は、子どものころを振り返って、愛や支えを受けられなかった無力さを思いだせばいいだろう。そのころの感情をじっくり探れば、自分を抑制できない今の状態から抜け出すことができる。

また、抑圧した恨みの感情も、自分に無頓着な行動で表現されることがある。何年もの間、相手につくすばかりで、自分の要求をまったく満たさないでいると、もう与えるものがなくなってしまう。あらゆることをしたが愛することも愛されることもできなかったので、今はもう恨みを感じて、消耗しきっている。

こんな女性も、愛にたいする関心を失う傾向がある。他人の助けを拒絶し、もう愛はいらないと決心する。自分は愛を信用しないし、二度と愛にだまされるつもりはないと行動で示すのだ。この場合は恨みの感情に隠れている心の傷を感じとって解放しなければ、この状況は悪化しつづけるだろう。救いを求めて支えを手にいれようとすれば、愛を求める行為に結びつく。しかし本人は、それを考えただけでも過去に捨てられたり、傷ついたりしたときのつらさを思いだすのだろう。するとますます、誰かとつきあったり、愛に頼ったりしようと考えないで、過去のつらい感情に立ち向かうのを避けるようになる。

こんな女性が、無力さや恨みをことばで伝えられないときは、復讐《ふくしゅう》という行動にでることがある。しかし、復讐は誰のためにもならないのだ。場合によっては、残りの人生を変える不幸な選択になることもある。復讐で満足できると思うのは間違いである。

男性が復讐しようとするときは、相手に自分と同じ苦しみを与えて、自分を苦しませた償いをさせようと考える。これにたいして女性の復讐は、一般に相手を後悔させることを目的とする。相手を傷つけたいという意志がはっきりある場合でさえ、心の奥では自分を傷つけた相手に責任を感じさせたいと意識する。

つまり、男性が別れた相手を傷つけたいと思うのにたいして、女性はもとの相手が、いかにひどい男かを世間に知らせたいと考える。ひどい男だと思っている自分の気持ちを、相手やまわりの人と共有したいのだ。

こんな女性が本当に必要とするのは、話を聞いてもらうことだ。自分が受けた苦しみを聞いてもらって、苦しくて当然だと認めてもらうことである。だから「あの男がしたことがわかれば、わたしの気持ちがわかってもらえるだろう」と、自分の気持ちを世間に伝えようとする。この間接的な取り組みは、一時的なやすらぎになるかもしれないが、癒しにはつながらない。

実際には復讐しても、自分のためになることは何ひとつない。女性は、相手に罪悪感を感じとらせようとして、いつまでも自分を被害者の位置におこうとする。そのため、せっかく幸せになるチャンスがあっても、逃してしまうことになりかねない。

たとえば、ほかの女性のために夫に捨てられたつらさをわかってもらうには、そのあともシングルを押し通し、生活に困った不幸な身でいなければならない。しかし、復讐のために被害者の立場でいようとすると、幸せになることを拒否しつづけることになるだろう。それでは、もとの相手を罰するつもりで、自分を罰する結果になってしまう。

理想の男性があらわれて再婚することにでもなれば、もとの相手にほとんど不満を感じないはずだ。前進して幸せになろうとする気持ちになれば、以前の関係は終わってよかったと感じられるようになるだろう。

22「いい人」でありつづけたい女性

多くの女性は子どものころから、不愉快な感情を顔に出さないようしつけられてきた。また、みんなから愛されるために、人からものを頼まれても頼んではいけないと教わってきた。だから相手と別れるときも、この習慣から自分のつらい気持ちを隠してしまう。つらい気持ちを誰かに話したいのに、愛される女性でいようとして心を閉ざし、逆に愛を感じられなくなってしまう。

このような女性は新しい愛を求める場合も、否定的な感情を抑えて明るく振る舞おうとする。正直な気持ちを話しても、嫌われないことを知らないのだ。そして愛される女性になるために、自分の力だけで幸せになろうとする。相手を失ってつらくても積極的であろうとし、つらい気持ちを抑圧する。これが癒しのプロセスを妨げて、愛のチャンスを遠ざける。つまり愛を求めたために、逆に孤独になるわけである。

長年にわたって、愛されるためには愛らしくなければならないと教えこまれた女性は、自分の気持ちに正直になりにくい。気持ちを隠すための心の化粧に熟練し、ときにはその技術に自分自身さえだまされる。しかも彼女は、世の中のことはなんでも受け入れて感謝し、人に与えて喜ばせ、暗い話をするべきではないという教育を受けているのである。

だから、周囲の人に自分には問題はないと公言し、自分でもそう思いこむ。愛する人との別れの苦痛を思いだしたくないので、肯定的な面だけを見るようにして人生を理想化する。そして相手がいないほうが、どれだけ楽で幸せかと自分自身を納得させる。

相手がいなくても不満がないと思ったときは、その満足感が本物かどうか、よく考えてみる必要がある。それは怒り、寂しさ、恐れ、悲しさに立ち向かうのを避けるための偽りの姿かもしれないからだ。

感情を否定するのに慣れてしまうと、ずっとシングルでいることになりかねない。傷ついた感情を抑圧しているうちに、愛を必要とする女性的な面が背後に追いやられ、男性的な面が表にでて、男性の役割を引き受けるようになる。

心のなかのつらい感情をずっと抑圧していると、いつかはつらさが消えるだろうが、それは心が癒されたことにならない。苦痛から解放されても、心のドアを閉ざすという犠牲が払われているからだ。

女性が幸せになるのは、あたりまえのことだと思わなければならない。それがむずかしいようなら、毎日、少しずつでも不幸な時間をけずりとっていくことだ。それを人に知られたくなければ、日記に書くことから始めよう。そして、傷を見つめることに慣れてきたら、セラピーに通ったりして、自分の否定的な気持ちを打ち明けるようにすればいいだろう。

23 すぐに完璧なつきあいを求める女性

すべてを性急に望んで、恋愛を遠ざける女性もいる。こんな女性は、相手を知るのに時間のかかるデートなどせず、すべてを今すぐテーブルに並べてほしいと考える。駆け引きをしないで、思ったことをそのまま口にする。男性がストレートな告白についてこれなければ、もう関心を示さないのだ。だから男性は、ありのままの彼女を受け入れるか、失うかの選択に迫られる。

こうした女性は、自分を理解しない相手といるより、ひとりでいるほうがましだと考える。しかしこのままでは、いつまでたっても愛を見つけることができない。このような女性は、必要なものを手にいれる能力がありそうだが、実はもっていない。強くて温かい人間になりたいと思っても、強さや温かさの意味がわかっていない。みんなと同じように愛がほしいのに、恐れのためにその機会を逃がしてしまう。すべてか無かという姿勢が、真実の愛を見つける大きな障害になっている。

彼女が自分を変えようとしないのは、何をしてもうまくいかなかった過去の経験の反映だろう。かつては、なにごとも自分のほうが折れてきたが、これからは一歩も譲るつもりはない、他人を喜ばそうとして何年も無駄にしてしまった、献身的に尽くしたのに、何も返ってこなかったという苦い思いの反映である。このバランスをとろうとしたところまではよかったのだが、反動で逆の側に傾きすぎてしまっている。つまり、何も変えたくないという現在の姿勢は、なんとかしようと何年も努めてきた結果だろう。

いちどに相手のすべてを知り、自分のすべてを知られたいと思うのは、お楽しみをあとにとっておけない性格のせいだ。すべてをすぐにほしがるのは、すぐにセックスをしたがる男性と似ている。男性が「すぐにセックスしたい。できないなら、もう会いたくない。望みどおりにしてくれなければ、何もいらないよ」といったら、愚かで子どもっぽいと感じるだろう。すぐに親密な感情を求めるのは、すぐにセックスを求める男性と同じくらい直情的で子どもっぽい姿勢である。そう考えれば、自分が正当な要求をしているとは思えなくなるはずだ。

愛の深まり方を知る

愛はしだいに開いていく。タネをまいても、すぐに芽を出すわけではないのと同じように、相手を知るには時間がかかる。それを性急に求めると、すばらしい関係に育つはずのプロセスが途中で脱線するかもしれない。

男性と急いで親密になろうとすると、相手は逃げだしたい衝動に襲われる。男性が後退すると、女性は追いかけるので、相手はさらに逃げ腰になる。早く親密になりたいという気持ちを抑えるには、深いつきあいになったり、一対一の関係になったりしないようにして、何人かの男性とデートをすればいいだろう。

性急な女性は現在の生活を維持するよう心がける必要がある。そうしなければ、男性を生活の中心に置いて、いっきにすべての要求を満たしてもらおうとするだろう。これでは男性のほうは、いずれは逃げだしたくなるにちがいない。自分を制する知恵と忍耐心があれば、いつかは心も満たされるだろう。

親密な関係を保つために男性を生活の中心にすえ、ほかのすべてを無視するのも間違っている。友人や家族からの愛や支えは、男性の愛と同じように重要であり、ときには、それ以上かもしれない。むしろ家族や友人の支えは、男性との関係を築く基礎になる。この基礎があれば、男性に求めすぎたり、与えすぎたりはしないだろう。

愛がすぐに育つわけでないことを知らなければ、本能のままに行動して失望する結果になりやすい。性急な女性は友人から気持ちを抑えて相手の関心を引くようにいわれても、素直に聞きいれようとしない。状況しだいで気持ちを抑えるのは、生きるうえの知恵だとわかっていない。

デートにはさまざまな段階がある。デートの手順を重視することは、駆け引きとは違うのだ。たしかに、本当の自分を見せることはよい関係につながるが、それでも、いっきにすべてを見せるのでなく、順を追って見せていく必要がある。

恋の駆け引きをしない

「駆け引き」は経験から生まれた知恵にもとづいていることが多い。駆け引きは愛を深めるための役にたたないが、知恵のほうは助けになってくれる。

駆け引きすることに強く抵抗する女性は、駆け引きを試みて失敗に終わった経験があるか、駆け引きをされて傷ついたかのどちらかだろう。傷が癒えていなければ、同じ危険を冒すまいと思うにちがいない。だが、知恵を働かせることまでやめてしまうと、大切なものを失うことになる。

駆け引きは相手をだますことである。相手の男性をだますと、自分のものになったとたんに失うことがある。本当の彼女を知った男性は、愛していたのは彼女ではないと思うのだろう。「駆け引き」と「アドバイス」、このふたつは似ているようで、まったく違っている。

●駆け引き	●アドバイス
すぐに電話をかけないようにする。そうすれば、もっとこちらに関心をもつにちがいない。	男性を生活の中心に置かない。電話にはすぐに返事をするが、相手のためにすべてを犠牲にしたりはしない。
セクシーになり、セクシーに装って、ベッドで相手の望みどおりにする。	自分の気分のよくなる服装をする。心の準備ができるまではセックスをしない。
本心を隠して、そっけなくする。相手に興味を示してはいけない。	自分の気持ちを、初めからぜんぶ話さない。ものごとは急いではいけない。

ほかの男性とデートをして、相手に嫉妬させる。	いろいろな男性とふつうのデートをする。そうすれば、なんとかして相手の注意をひきたいとは思わなくなる。
いつも予定のないひまな女だと思われないように、ときには忙しくて会えないという。	相手の電話を待たないようにする。自分のことにかまけて、相手をそれほど必要としないようにする。

何事も性急にすすめようとする率直な女性は、まわりの人間の心理や要求にたいする心遣いが十分でない。このような女性は、自分と違う意見をほとんど受け入れない。正しいのはいつも自分で、男性は自分と同じように考え、感じ、反応すべきだと信じている。男性と女性は、火星と金星からやってきた異星人同士だと考えれば、違いを認めるのがやさしくなるだろう。男性の考え方を知り、男性が抱える苦労を知れば、適切な判断をくだす助けになるだろう。

Mars and Venus Starting Over

第三部

男性が新しい愛を手にする方法

相手と別れて新しいスタートを切るときの男性は、女性と違うさまざまな壁を乗り越えなければならない。そうした壁をうまく乗り越える男性もいれば、ぶつかって、こなごなに砕け散る男性もいる。

1　別れてすぐに新しい交際を始める男性

愛する女性と別れた男性は、急いで次のつきあいを始めようとする。この点で、時間をかけすぎる女性とは大きく違っている。いまだに別れのショックから抜けきれない男性は、つぎからつぎへと新しい相手と交際する。しかし、それが心を癒《いや》す妨げになることには気づいていない。

別れのあとに悲嘆にくれる重要さを知らない男性は、ただ悲しむだけで、そこから問題の解決に向かおうとする。そして、問題があればとにかく解決したいと考える。一般に男性は、自分の気持ちにこだわらない。金がなければ稼ぎにいくし、愛を失ってつらければ、愛してくれる女性を探しにいく。つまり、行動がすべてなのだ

別れたばかりの男性は、別の女性から愛されても心の傷が癒《い》えないのに、そんなことにも気づかない。誰《だれ》かとつきあいさえすれば、その愛で心が慰められると思ってしまう。し

かし、苦痛から逃げるべきではなく、痛みが消えるまで時間をかけて癒しの感情を感じとらなければならない。無理にひとりで耐えないで、こんなときこそ友人や家族に救いを求めよう。

真剣なつきあいを始めるのは、女性を求める強い欲求がなくなってからのほうが望ましい。苦しみから逃れるために「つきあわなくては」と思っているあいだは、新しいつきあいを始められる状態ではないだろう。この時期の男性は、女性と約束をしても守ることができない。つまり別れの痛みが癒えていないいわば反動期に始めたつきあいは、ほとんどが長くつづかない。

どうしようもなく空腹なら、たいていのものは食べられるだろうが、それで急場がしのげれば、少し余裕をもったときには好きなものを選ぶようになるだろう。別れたばかりの男性もこれと同じで、愛情を示してくれる女性なら、どんな人とも恋に落ちる。しかし要求が満たされれば、えり好みをするようになり、そのあげく突如相手に興味を失ってしまう。そうでなくても最近の男性は、真剣なつきあいが苦手なのだ。別れたあとの反動期につきあいが始まると、問題がさらに複雑になる。

妻や恋人と別れた男性は、自分を人生の敗残者のように感じがちである。だからこそ男らしさや男としての能力を証明するために、セックスの相手を見つけて「うまく」やろうとする。これは男性にとって自信をもつ好機であり、感情を癒す絶好の機会になる。しかし、それが心の癒しにブレーキをかけることにもなるのだ。

交際を始めるタイミング

別れたあとの男性は、相手から尽くしてほしいという気持ちより、尽くしたいという気持ちになるまで、つきあいを待ったほうがいいだろう。いつも尽くされる関係では、立場が弱くなるからだ。それでは男性は無力さを感じるか、相手のことより自分のことを考える傾向が強まるだけだろう。新しいつきあいを始めるためには、相手の女性に幸せにしてもらおうというのでなく、相手を幸せにする力があると思わなければならない。

その準備ができる前にセックスをする場合は、あらかじめ相手に自分が別れたばかりであることと、長期的なつきあいはむずかしいかもしれないことを、はっきりと伝えておく必要がある。

つきあいを始めるのが早すぎると、普通は男性より女性のほうが傷つきやすい。傷心の男があらわれて愛の告白をしたと思ったら、突然、はっきりした理由もなく変心したというのでは、女性はたまったものではないだろう。この結果は男性本人にとっても、あと味の悪い感じだけが残る。

長期的なつきあいを望まない女性は、別れのショックから抜け出せない男性とだけセックスをする。そして、いつ連絡が絶えてもいいように心構えを忘れない。そうすれば傷つくことはないからだ。そこまで考えていないと、女性は男性が去ったときに裏切られた苦しみを感じるし、男性は傷つけた苦しみに心を痛める。そして男性は罪の意識から逃れるために、また別の女性とつきあい始める。いちどじっくりと心の傷を癒さないかぎり、男性はこのパターンをずっとくり返す。

自分にぴったりの相手を見分ける

心の傷や罪の意識があると、自分にぴったりの相手を見分けにくい。別れてすぐに女性とつきあえば、ほぼ一〇〇パーセント合わない相手を選ぶことになる。

過去に女性を幸せにすることに失敗して、罪の意識を感じたり、罪悪感を抑えていたりすると、自然に気持ちが衰える。こんな状態で女性とつきあい始めると、強さや自立心がよみがえったとき、母親のように世話をやいてくれる女性より、尽くしてやれる女性を求めることになる。こんなときの男性は、いくら相手が人生のいちばんよい時代を捧げて、犠牲になってくれるつきあいをしたとしても、別の相手を探すことになってしまうのだ。というのも、彼女が自分に合う女性に変わることはないからだ。男性は自分をいつわって、合わない相手とつきあいつづけることはできない。女性のほうも、そんな男性と暮らしていてもしようがないだろう。

自分に合った女性とつきあっているのに、別れた反動で、そのことに気づかない男性もいる。それでも男性の気持ちが上向きになったときに、つらいときに支えてもらったという恩義を感じざるをえないし、相手も貸しをつくったという気持ちを捨てきれないだろう。ふたりの関係は、この貸し借りの感覚があるためにうまくいかなくなることがある。そして男性には、隣の芝生が青く見え始める。

借りがあると感じている男性は、しだいにその女性とのつきあいを重荷に感じるようになる。そう感じると、たいてい、がまんができなくなるほど相手が鼻につき始める。女性からの借りを足かせのように感じるのだろう。そして新しい相手とつきあえれば、白紙の状態から人生をやり直せると思いだす。この思いは男性にとって、魅力的にちがいない。

2 別れた空洞をセックスで埋める男性

男性が心を癒そうとするとき、大きな妨げになるのが性的欲望だ。まだ心のつきあいができる状態でないとわかっていても、セックスのつきあいをしたいと考える。気軽なセックスは一時的なやすらぎになっても、癒しになることはない。そのようなセックスのあとには時間をとって、そのときに浮かんだ感情を探ってみる必要がある。

セックスは愛と親密さの美しい表現だ。心が傷ついているときの男性が、自分の気持ちに触れるにはセックスが強力な手段となる。しかし男性には、愛を求める気持ちとセックスを求める気持ちを混同する傾向がある。そして、この時期に深いつきあいをすると、女性の愛にたいする依存心が強まってしまう。だから性的関係をもつなら、ひとりの相手と長くつきあうのは避けたほうがいいだろう。

別れの傷が癒えない時期にもちつづけたセックスの欲望が、依存症に発展することもある。それを避けるには、一時的なやすらぎをえたあとに、性急にセックスに走って苦痛から逃れようとするのでなく、まず苦痛の処理をしなければならない。気をつけていないと性的な刺激は、苦痛に触れて和らげる手段でなく、苦痛から逃げたり、無感覚になったりするための手段になってしまう。

性的刺激を一時的に抑えれば、癒しのプロセスを進めやすくなる。それが非常にむずかしそうなら、なおさら控える必要があるだろう。刺激の多い状況をつくらないようにすれば、欲望を抑えるのがたやすくなるだろう。

苦痛を避ける手段としてセックスを考える男性は、アダルトビデオやポルノ雑誌を見たり、女性を求めて夜の街をさまよったりすれば、マイナスになるばかりだろう。このような性的刺激は、セックスを必要とする気持ちを強めるだけだからだ。運動をして冷たいシャワーを浴びたり、友人と過ごしたりして性的衝動を抑制しなければならない。

依存症は心のなぐさめにはならない

男性の頭は本当の要求を感じるのがつらすぎると、別のもので替わりをさせようとする。依存症は本当の要求でなく、代替の要求にほかならない。別れたばかりの男性が執拗《しつよう》に求めるセックスは、心の傷を癒したいという気持ちの「代替」にすぎない。適度のセックスなら心に触れる助けになるだろうが、過度になると癒しのプロセスを妨げる。

一般に男性のほうが、女性より依存症にかかりやすい。男性は自分の気持ちを他人に伝えるのが、女性よりもうまくないからだ。ほとんどの男性は、個人的な感情をじっくり語りあえる友人や、コミュニケーションの技術をもっていない。ふだんの生活のストレスには、スポーツや、ビジネスや、政治や、天気の話で対処する。しかし、心が傷ついているときは、こんな方法では不十分だろう。

愛する人を失ったとき、自分の苦しさを誰かに打ち明けられない場合は、「打ち明けたい」という切実な要求を、何か別のものに過度に頼ることで解消しようとする。これは女性の場合も同じことだが、男性がセックスに頼りがちなのにたいして、女性は過食症におちいりやすい。

3　セックスでバランス感覚を失う男性

男性は別れた妻や恋人が、どのような行動をとるかによって、彼女たちを判断することが多い。とくに捨てられたと思っている男性は、自分が女性関係を控えようと思っているのに、相手が何人もの男性とデートをしていることを知ると、かなりつらい思いをする。このような男性も、「女性が何を必要としているか」を理解すれば、それほど相手の行動にとらわれなくてもすむだろう。

男性の場合、尽くしすぎた相手に去られたあとは、しばらくひとりの時間をもち、バランスをとり戻すことを考えればいいだろう。そのあいだに自分の感情を見つめ、それを処理すれば、自分の足で立っているという実感をとり戻すことができる。

ところが、女性のほうがバランスを回復するには、自信や、思いやりや、相互依存の感覚を正常に戻すことが必要である。そのためには、別れた男性から身勝手だと非難されそうな行動を取ってしまうこともある。シングルらしく男性とのつきあいを楽しんで、そこで多くの男性から興味や愛情を寄せられれば、自信を回復できて、癒しのプロセスも進むだろう。このように男女では、別れたあとの自信のとり戻し方が違うのである。

いろいろな相手と性的関係をもつ男性と女性の違い

男性が何人かの相手とセックスをしたり、定期的に性的緊張を解放したりすれば、癒しの助けになるだろう。性的緊張を解放しないと、男性は別れを苦しむ気持ちに気づかずに、頭だけで考えるようになりやすい。人によっては、こうした手段によってしか、自分の空虚さを感じとれないことがある。大切なのは性的緊張を解放したあとに、時間をとって癒しの感情を感じるようにすることだ。こんなときは、否定的な感情を処理する理想的なタイミングである。

しかし、自分の感情に触れるためにセックスをするという意識がないと、逆効果になることがある。人間の行動は極端に過度になると依存症に発展し、自分の気持ちから逃げる手段に一変する。たとえば睡眠や、食事や、仕事なども過度になれば、心の癒しを妨げることがある。

これと同じようにセックスも過度になれば、感じなければならない感情を追いやってしまうことになりかねない。しかし過度にならないかぎり、性的緊張の解放は、男性にとっても女性にとっても、癒しのプロセスの重要な鍵《かぎ》となる。

女性は男性ほど意識しなくても、自然に自分の気持ちに触れることができるので、それほど性的緊張の解放に頼る必要はない。それでもセックスやロマンスが、自信をとり戻す手段になることに変わりない。一対一の関係になったあとに男性が離れていくと、女性は確実に自信を失うだろう。そんなときに多くの男性とデートしたり、（そうしたければ）多くの男性とセックスをしたりすれば、自信を回復することができる。

しかし、男性との約束をとりつけるためにセックスを許すのは大きな間違いである。それは自分を苦しめる結果になるだろう。真剣なつきあいでは、むしろ心が癒えるまではセックスを控えるべきだろう。

セックスは本来、ふたりの合意で行われるかぎり、なんの害もないはずだ。しかしときには、癒しのプロセスを妨げることがある。セックスばかり考えていると、自分の苦痛の本当の原因がわからなくなるからだ。セックスの相手を探していると、セックスのことばかり考えるようになる。すると、セックスを求めること自体が、苦痛の原因になってしまう。

セックスを求めることが、逆に欲求不満の原因になれば、セックスの相手の助けを借りようとしないで、自分で解決することだろう。相手に頼らず、ひとりで性的緊張を解放すれば、癒しの道からはずれないですむだろうし、別れのつらい気持ちを癒す時間をもつことができる。そして気持ちが軽くなったら、友人と会ったり、楽しいことをしたり、役にたつ仕事をしたりすればいいだろう。

快楽のためのセックスや、単独の性的緊張の解放を、罪や恥と感じる人がいるが、これは間違っている。罪や恥の意識をもつのは、緊張の解放につれて、抑圧していた感情が自然に浮かびでてくるためであり、これが癒しの一過程なのだ。もし後ろめたい気持ちになったら、自分にこういい聞かせればいいだろう。

「これは現在の自分の気持ちを感じとって、それを癒しているんだ。後ろめたいのは悪いことをしたからでなく、前の相手と別れたときの気持ちが、まだ解消されていないせいである。それは過去の感情なんだ」

現在の感情を過去に結びつけ、気持ちを楽にするためのトレーニングをすれば、そこから癒しのプロセスにはいることができる。

過去から引きずってきた感情の処理の仕方を知らなければ、性的緊張を解放しても気分はよくならず、逆に悪くなってしまう。解放しても苦痛を思いだすだけなら、やがて解放感を感じとれなくなるにちがいない。感情の処理ができれば、性的緊張の解放は自分の癒しの感情に触れる手軽な方法となるだろう。

4　仕事にのめりこむ男性

心を癒さなければならない時期に、自分の気持ちをほかの人に話せない男性は、ひたすら苦しむことになる。そして、そのつらさから逃げるために、何かに過度に頼ってやすらぎを求めようとする。もっとも多いのはセックスにたいする依存症であり、これにアルコールとドラッグの中毒症状がつづく。どちらにしても、何かに過度に依存して感情を抑えようとする点では共通している。

これにたいして、仕事にのめりこもうとする男性も少なくない。働きすぎも依存症のひとつだが、こちらのほうは、ほとんど癒しのプロセスを妨げない。どちらかといえば肯定的な依存症だといえるだろう。むしろ癒しのプロセスを助けることさえあるくらいなのだ。カウンセリングやサポートグループの助けを受けながら仕事に集中すれば、かなりのやすらぎがえられるだろう。そして、恋愛関係にそれほど依存せず、ひとりでやっていく自信を深めることができる。

しかし女性の場合は、仕事に癒しを求めるのは感心しない。もともと女性には、誰かのために献身的に働いて、つらい気持ちから逃げようとする傾向があるからだ。他人に尽くすことや、仕事のことばかり考えていると、結果として自分の感情や要求を抑えることになる。だから女性は、仕事に没頭しすぎないよう気をつけなければならない。

ところが男性は、他人から感謝されたり、信頼されたりすると、抑圧していた感情を癒す力を感じとることができる。つまり、人のためになる仕事をすると、心を癒す助けになるわけだ。だから他人を助けるか、他人の自立に役だてば、癒しのプロセスの助けになるだろう。

レクリエーションに頼るのも、癒しを助けることがある。そもそも癒しとは、自分のために何か特別なことをする期間なのだ。戸外でスポーツをするとか、ほしいと思っていた新しい車やオーディオを買うのもいい方法だろう。楽しむことや、お金を使うことは度を過ぎれば問題だが、適度であれば癒しに有効な肯定的な依存症となる。結婚していたときにできなかったことがあれば、それを実行してもいいだろう。

5 「仕事」「金」「愛」のバランスがとれない男性

男性の仕事への依存症は肯定的な効果があるのだが、否定的な面がないわけではない。別れのつらさから逃避する手段になることがあるからだ。しかも、苦痛を避けるために処理能力を超える仕事を引き受けた場合、目標を達成できないことを実感する羽目に陥ると、マイナスにしか作用しない。

たとえば要求の多すぎる相手と別れて、彼女にたいする怒りが残っていると、別れてからも自分に過度の要求をしがちになる。そして、すべての時間とすべての力を注いでも追いつかないような非現実的な目標を設定する。こんな実現不可能な目標を設定してしまうと、それを達成するために大きなプレッシャーを感じざるをえない。この「もっと働かなければならない」というプレッシャーのために、このような目標を設定する原因となった心の傷を癒す機会が遠のいてしまう。

わたしの知りあいのビジネスマンで、彼女とのつらい別れのあと、一〇〇〇万ドルを稼ぐまで、もうどんな女性ともつきあわないでおこうと決心した人物がいた。このようなプレッシャーは癒しにとって健全ではないが、心の傷が癒えれば過度の要求もプレッシャーも消えるだろう。

そもそも相手との関係をよりよくするために、現在やっている以上のことをする必要はないのだ。彼女が自分に合う女性であれば、金銭のためでなく、彼女に合う相手だからという理由で愛してくれるにちがいない。

愛と仕事のバランスをとれば、男性の成功は、より身近なものになるはずだ。彼女との愛情ある関係という基礎があれば、男性の目標達成は大いに助けられる。

わたし自身も女性から愛されるためには、大きく成功する必要があると感じた時期があった。つねにそう考えていたわけではないが、意識のどこかに大きなプレッシャーがあったのだ。そして、それまでになしとげた仕事に完全には満足していなかった。

このプレッシャーを大きくしたのは、愛されるために、より多くのものをもたなければならないという潜在意識だった。わたしはそのように考えているあいだ、大した成功を収められなかっただけでなく、自分に満足することもできなかった。そうしたすべてを変えたのが、ボニーとの結婚だったということができる。

結婚して二年とたたないうちに、わたしは愛によって自分が癒されているのを実感した。ボニーが愛しつづけてくれたために、わたしは彼女の愛をえるために、さらに多くのことをしたり、多くのものをもったりする必要がないことを知ったのだ。彼女がいちばん愛したのは、わたしと過ごす時間だった。これがわたしの仕事にたいする考え方を大きく変えることになった。

新しいスタートを切ろうとしているときには、より多く働くのでなく、より少なく働く努力をして、友情やレクリエーションに時間を使うようにしたほうがいいだろう。そうすれば心を癒す支えもえられるし、成功も向こうから近づいてくる。

わたしの場合は、感情的な要求と仕事への欲求のバランスをとる方法を学んだために、仕事がうまくいくようになった。そしてそれは、さらによい方向へと進展しつづけた。毎日のように、もう少し仕事をしたいという気持ちに駆られることはあったが、何が成功のベースになったかを思いだし、その気持ちを抑えるようにした。成功は植物のように、根に水をやるといつまでも成長しつづける。

バランスのとれた人生は、より大きな成功へのチャンスを磁石のように引きつける。

6　愛がすべてだと思っている男性

男性も女性も愛さえあれば、つきあいも結婚生活も長くつづくと思いこんでいるようだが、これは大きな間違いだ。たとえ愛しあっていても、どうにもうまくいかないことがあるからだ。もちろん愛があるからこそ、幸せで長つづきする関係を築けるのだが、だからといって相手が自分にぴったりだとはかぎらない。

結婚相手を選ぶのは、仕事を選ぶようなものだろう。できる仕事はたくさんあっても、わたしたちは自分の心に問いかけて、どの仕事がいちばん合うかを考える。あれもこれもやりたくても、最後にはひとつに絞りこむ。それと同じように、愛せる相手は無数にいても、結婚相手として考えられるのは、ごくわずかだろう。わたしたちは心に問いかけて、そのわずかな対象のなかから自分に最適の相手を見つけだそうとする。

ところが、こうして結ばれたふたりが、理想を満たそうとして自分を変えすぎるか、相手を変えようとしすぎることがある。しかし相手を幸せにするために、どちらかが自分らしさを捨てなければならないとしたら、うまくいくはずがないだろう。どれほど愛があっても、丸い穴に四角い栓をはめこむことはできないからだ。

ここで無理を重ねると、事態はさらに悪化して、ついには相手を疎ましくなりかねない。しかし、このとき本当に嫌いになるのは、そんなふうに変わる自分自身なのだ。

ふたりの関係をつづけるには、相手によって変わっていく自分自身も好きにならなければならない。自分にいちばん合う相手なら、いちばんいいところを引きだしてくれるだろう。逆に深い関係に適さない相手なら、いちばん悪いところを引きだそうとするだろう。

以上のような事情がわかって、愛しあいながら別れたときは、恋愛関係を望まないかぎり、ずっといい友だちでいることができる。この場合は、たがいに許しあって別れたことがいいほうに作用する。

その反対に、このような事情を認められないと、両方か一方が、ことのなりゆきに責任を感じるかもしれない。すると、その罪の意識を避けようとして、別れのときがきているのに、なかなか決断できないだろう。そして、ようやく決心するころには、事態がとことん悪くなる。この先延ばしの期間が長くなればなるほど苦痛が大きくなり、ときには憎みあいさえして、さらに深い罪悪感を抱えこむ。

しかし、愛しあっていても、親密な関係を保てないことがあるのを認めあえれば、罪悪感をもたずに、たがいに許しあって別れることができるだろう。自分も相手もベストを尽くしたが、ただ合わなかっただけだと認めることができるわけだ。このように心を開ければ、つぎの機会には、最適の相手を見つけられる確率が高まるだろう。

反対に後悔や罪の意識を感じたり、自分を敗残者のように感じたりすれば、適切な相手を見つけるのが、いっそうむずかしくなる。だから罪の意識を感じているときは、新しい相手を見つけるまえに、まず心を癒さなければならない。

7　過ちを認めたがらない男性

男性は一般に別れた相手を非難して、つらい気持ちを抑圧することがある。相手が悪かったのだと片づけて、安易に別れのつらさを抑えつけたり、解消したりする。

このような無理を押し通していると、心が開かないだけでなく、自分の責任を感じにくい。ふたりのあいだの問題はどんな問題でも、どちらか一方だけに責任があることは、めったにないだろう。つまり「つきあった相手が悪かった」といってすますことはできないのだ。それに何よりも、このあと自分に合う相手を見つけるには、過ちから学ぶ必要がある。

過去から学びとれれば成長できるが、ふたりの問題のすべてを、別れた相手のせいにしていれば、その機会を逃がす結果になる。そして、同じ過ちをくり返す確率が高くなるだけでなく、無意識のうちに同じタイプの相手を選ぶことになりかねない。

男性の場合忘れることは簡単だが、許すことはむずかしい。新しい相手とのあいだに以前と同じような問題が起きると、以前の感情に引きずられて寛大な処理ができなくなる。新しい相手とスタートを切るには、つきあいを始めるまえに、もとの相手の過ちだけでなく、自分の過ちも探っておく必要がある。自分の過去の過ちをじっくり見直す時間をとれば、起きたことを忘れられるだけではなく、許すこともできるだろう。

8　報われない愛に燃える男性

男性は障害があればあるほど、逆に闘争心をかきたてられる存在だ。ほしいものが簡単に手にはいらないとわかると、ほしい気持ちが際限もなく膨れ上がる。つまり男性にとって、障害は情熱をかきたてるのだ。だから、ある女性の愛がほしいのに、それが手にはいらないとなると、いっそう情熱を燃やす。

こんな男性は、別れた相手への思いに苦しむことがある。相手が自分を求めていないとわかると、彼女への思いがつのるばかりで、別れたことがますます悔やまれる。このように一方的に思いつづけると、自分の悲しい感情に触れることはできても、ほかの感情を感じとることができない。

うまくいかなかった愛の苦悩を強く感じる男性は、過去から否定的な感情を引きずっている確率が高い。たぶん、人生のもっと早い時期から、ふられたことを認めたがらなかったり、愛を失って傷ついたりする傾向があったのだろう。

この強烈に苦しい片思いから解放されるには、現在の苦痛を過去の苦痛に結びつける必要がある。記憶をたどってデートを始めたころのことや、さらにさかのぼって、母親から拒絶されたり、冷たくされたりしたときのことを思いだしてみよう。

破れた関係をあきらめきれない男性は、母親の愛情にたいする不満を我慢していることが多い。まだ準備のできていない子どものうちに母親から切り離されて、それ以後、ずっと彼女にたいする思いを捨てきれなかったのかもしれない。あるいは小さいころに母親を失ったか、幼時のうちに新しい兄弟姉妹ができたのかもしれない。このような過去と現在のつらい感情を結びつければ、あきらめがつくようになるだろう。

もとの相手ほど理想的な女性には出会えないので、この先、幸せになれないだろうと思うのは、めずらしいことではない。しかしそう考えると、一方通行の愛は苦しくなるばかりだろう。もし、未来をのぞくことができて、もっとすばらしい愛を見つけられることがわかれば、苦しさは消え去るにちがいない。わたしたちは未来をのぞけないために苦しみつづける。しかし過去の片思いで経験した苦しさは、すばらしい愛を経験した現在から見れば、なんとなく色あせて見えるだろう。現在の苦しみも、少し先には、そのようになっているはずだ。

9　自分から断ち切れない男性

相手がいちばん適切な女性でないとわかって別れても、負担に感じる必要はない。「さよなら」をいうには、決定的なことがないといえないと思っている男性が多いが、「おたがいに最適の相手でないことがわかったけど、好きだから、友だちとしてつきあおう」といって別れてもいいはずである。

現在の彼女への愛は、以前の愛と違うかもしれないが、だからといって、自分の心を閉ざして関係を終わらさなければならないことはない。相手と別れるときには、つきあい始めたころに感じあった愛情を、時間をかけて思いだす必要がある。砕けた心をつなぎあわすには、この作業がとても大切だ。そうすれば友だちの関係は続けられる。

また自分から別れた相手にたいする思いを断ち切れないで、新しい人生に踏み出せない男性もいる。相手が去ったのはわかっているのに、彼女のほうが悪いという考えを捨て切ることができないのだ。このように相手を非難していては、いつまでたっても気持ちが吹っ切れないだろう。理想をいえば別れるときに、双方の気持ちにけりがついていることが望ましいが、これはむずかしいにちがいない。

それでも別れたあとで、状況や時期が変わっていれば、別れずにすんだかもしれないと肯定的に考えられるようになれば、たがいに許しあえるようになるし、心を開いて新しい人生を切り開くこともできる。

ところが、相手に見捨てられたという感じがぬぐえない男性は、いきおい彼女の非難や批判に集中する。また離婚した父親が、子どもを相手に母親は身勝手で配慮に欠けた人間だと話すのは、いちばん大きな誤りである。父親は子どものまえで、別れた妻を批判したり、非難したりしてはいけない。子どもはつらい思いをするし、どちらか一方の親の味方につくことを強制されれば、子どもの心にさまざまの複雑な問題が生じるだろう。

彼女を愛していたのに、勝手に去っていったと思っている男性は、真実の愛を思い違いしている。本当に愛していれば、自分の決めた道を進もうとする相手を思いやる気持ちになるべきなのだ。そもそも相手を、自分の所有物のようにみなすのは誤りであり、もちろん、それは愛などではない。本当に彼女に戻ってきてほしければ、いちばんいい方法は、彼女を手放すことにある。

相手が去ったときにとる態度

たとえ相手が自分に合っていても、自分が相手に合うかどうかはわからない。女性がこちらを合わないと感じているなら、やはり合わないのだろう。それを認めなければ、いつまでたっても被害者意識を捨てきれず、別れのつらさと心の傷が残る。

相手がこちらを望んでいないのに、望んでほしいと考えても、なんの役にもたたない。それに気づけば、以下のような考え方に矛盾があることが理解できる。

・「こちらがあの間違いさえ犯さなければ、すべてはうまくいったのに」
・「彼女が家を出て、いっしょに住んでくれれば、すべてはうまくいっただろう」
・「彼女があの男に会うことさえなかったら、別れていなかったはずだ」

・「もっと早く彼女に会っていたら、おたがいに最高の相手になっていたのに」
・「彼女がほかの男のものでさえなかったら、すべてはうまくいったんだろう」

相手をパーフェクトな女性だと考えて、いつまでも実現しなかった期待をふくらますことは、現実的だとは思えない。こちらを愛してもいないし、受け入れもしない女性が、ぴったりの相手であるはずがないだろう。

そんな女性をきっぱりとあきらめるには、自分が必要とされていないことをはっきりと認識する必要がある。たとえつらくても、彼女にそれだけの愛がないという現実を理解すれば、それに耐えることができる。彼女はどうしても、あなたから離れたかったのだ。それを認めればいいだけの話で、心が離れた理由を考えてもしようがないだろう。

たしかに具体的にあげれば、経済力がないとか、意欲的でないとか、洗練されていないとか、複雑すぎるとか、身勝手すぎるとか、気持ちに余裕がないとか、計算高いとか、いろいろな理由がでてくるだろう。しかしこれらは表面的な理由にすぎない。彼女があなたを望まない本当の理由は、いちばん合う相手ではないということだ。

あなたが彼女に最適の相手なら、このようなことは障害にならないだろう。このような理由ばかりを気にしていると、「それなら、そちらが変わればいいじゃないか」と思ってしまうにちがいない。これが誤った道に結びつく。

終わらせるプロセス

別れの最終段階にある男性は、以下に紹介するプロセスを実行すればいいだろう。相手への思いを断ち切るために、女性につぎの言葉を何度でもいってもらうのだ。それを聞いた男性はストレートに別れの苦しみを感じとり、それで相手をあきらめようと考えるようになる。

・「あなたといっしょにいたくない」
・「思っていたほど愛していない」
・「あなたはわたしにいちばん合う相手じゃない」
・「別の相手と暮らしたい」
・「これからもあなたを愛しつづけるけど、いっしょにいるほどの愛はない」
・「あなたはわたしに最適の相手じゃないことがわかってる」

以上のようなことばをなんども聞けば、しっかりと現実に向きあって、彼女への思いを断ち切れるだろう。このあと、男性がひとりになり、癒しの感情を探る時間をとれば、いっそう効果があがるはずである。逆に女性のほうがあきらめきれない場合は、男性から同じ文句をなんどもいってもらえば、このプロセスが完結する。

10 パーフェクトな「運命の女」を求める男性

頭のなかで思い描いている理想の女性と現実の彼女を比べてしまうために、新しい女性と将来を約束できない男性もいる。愛していても、その女性といっしょになることが、正しい選択なのかどうかわからないのだ。こんな男性は完全さを求めるために、現実の愛を見つけるチャンスをみすみす逃がしている。いつか完璧《かんぺき》な女性が出現すると期待すれば、誰とも将来を約束できないだろう。

完璧な女性を「運命の女」だと思う男性は、恋愛関係についても、人間についても、非現実的な見方をする。しかし、世の中には完璧な人間はいないのだから、心の友とは完璧な人間のことでなく、自分にとって完璧な相手のことなのだ。

ある女性が「運命の女」だとわかるのは、時間をかけて相手のことを知ったあとであることが多い。出会った瞬間に、そんなことがわかるはずがないだろう。普通の人間が、他人に十分に心を開くには時間がかかる。愛が深まれば、いつかこの人が心の友だとわかるはずである。それも判断をくだすのでなく、自然にわかることなのだ。

それは頭でなく、心が感じとることである。心は判断をくださないで、「この人だ」と感じとるにすぎない。この人なのかどうかを見きわめようとすると、頭で判断しがちになるが、そういう目で女性を見れば、どんな相手でも十分とは思えないだろう。人間の頭は、つねに欠点を見つけるからだ。心の友は心で選ぶようにしなければならない。

頭を使うのは、どうしたらもっとも効果的に相手に愛と支えを与え、また受けることができるかというときのことだ。それでデートのプロセスを成功させることができれば、心を開くこともできる。心が開いていれば、つきあいをつづけるべきか、別れるべきか、心が感じとってくれる。

その結果、別れるべきだと気づくことがあるかもしれない。すでにのべたように、愛だけでは不十分なことがあるからだ。愛しているだけでは、その女性が自分にぴったりの相手だという条件を満たさない。心の友とは、心の底から人生をともにしたいと思う相手のことである。たとえ愛していても、死ぬまでいっしょに暮らしたいと思わない相手もいるだろう。

11　結論を急ぎすぎる男性

結論を急ぎすぎて、機会を逃がす男性もいる。自分に合う女性を見つけようとして、いつも使命感に燃えている。相手の女性が、自分に合うかどうかわからなければ、さっさと別れて別の相手を探そうとする。時間は貴重だから、深入りして時間を無駄にしたくないし、ひとりの相手に時間をかけすぎると、本当に適切な相手にめぐり会う機会を逃がしてしまうというわけだ。

しかし、「運命の女」がどのようにして見つかるかを知っていれば、気長にかまえて、ゆっくり時間をかけることができる。愛しているが、自分に最適かどうかを知ろうとして女性とつきあうのは、時間の無駄ではないのである。それがはっきりわかるまでつきあえば、心の友を見つける準備ができるだろう。

たとえ愛する相手が「その人」でないことがわかっても、時間を無駄にしたことにはならない。心を開いて「運命の女」を求めようとする力が養われる。そればかりか、彼女との別れに時間をかけて悲しめば、つぎの機会に、ぴったりの相手を見つける確率が格段に高くなる。

三振するのは、時間の無駄ではないのだ。つぎの打順が回ってきたときに、ホームランを打つ確率がいっきに高まるだろう。一般にホームランバッターは、三振の数が多いことでも知られている。思い切りよく自分のすべてを注ぎこめば、三振の数が多くなるだろうが、みごとなホームランを打つこともできる。

12「運命の女」がわからない男性

男性のなかには、正しい相手を選んでいるかどうかを気にしすぎる人が多い。どんな女性にも個性や長所があるが、相手に何を期待できるかは、相手の問題というよりも、自分が相手に何を与えられるかによって決まる。そのように納得していないかぎり、大勢の女性とつきあってみても、結論はつねに同じだろう。

この人が「運命の女」だとわかるのは、心がその女性を、ほかの女性より優れていると判断するからではない。死ぬまで愛を深めあえる女性だと感じとるからである。

相手が心の友だとわかったときの男性は、これからの人生をともにするただひとりの人を見つけたと感動する。これは心の選択だから、運命的な相手のように思うのだろう。しかし、彼女が運命的なただひとりの人だとしても、それは偶然の重なりによる選択だったことに変わりはない。初めから「運命の女」がこの世にひとりしかいないと決めつけると、どうしても制約が強くなる。それでは誰だって、選択を躊躇《ちゅうちょ》するだろう。

男性には、自分にとってパーフェクトな女性がただひとりいると考える傾向が強いが、これは正しいことでない。可能性のある相手は何百人いてもおかしくない。けれどもそんな女性がたくさんいるとは思ってもいないので、見つけようがないのである。それに気づくと、多くの相談相手が、つぎのように質問する。

「その中からどうやって、ひとりの人を選ぶのですか？　これほど大勢の女性がいて、どの人もすばらしいうえに、ひとりひとりがこんなに違うのに」

この質問に対する答えは、頭で決めてはいけないということだ。とにかくひとりの女性を選んで、あとはなりゆきを見るしかないだろう。

その人との関係を進めるうちに、もし愛が深まれば、心はもっと広く開けるだろう。心が開けば、その女性が自分にいちばん合う人かどうかを知る力が強くなる。たとえそうでなくても、そんな相手に出会える機会が近づいているだろう。

13　外見の美しい女性にこだわる男性

新しいスタートを切る際に、自分の「絵」に合う女性だけを追求する男性も少なくない。ところがほとんどの場合、結果的にパーフェクトな相手となった女性は、その「絵」とまったく異なっている。

自分の理想に合う女性だけを求めると、ぴったりの相手を見つける機会まで失ってしまう。たとえばパーティーにいって、さまざまな女性にひかれても、心に描いた相手と違うと思っていれば、いつまでたっても決断できないだろう。

そんな男性はしばらくのあいだ、その「絵」をどこかにしまいこんで、とにかく気をひかれる女性に接近すれば、自分に合う相手を見つけやすくなる。つまり、女性をどう見るかでなく、自分が相手から何を感じとったかが問題なのだ。

身体的な魅力にひかれた場合は、まもなく、その気持ちが消えるだろう。情熱が持続するのは、身体的魅力以上の何かを感じたときだからだ。心の友というのは、身体的・感情的・知的・精神的なすべての面でひかれる相手のことにほかならない。それは性的にひかれて好感をもち、強い関心をもちながら、その人のためにできるだけよい人間になりたいと思うような人のことだ。それこそ長く愛しつづけられる女性だろう。

わたしのところに相談にくる女優やモデルのような美しい女性たちは、驚くべきことに共通の悩みをもっている。恋人や夫が自分に関心を失っているというのである。いずれにしても彼女たちは、自分を求めてきた男性たちが、いち早く興味を失うことに不満をもらす。それは彼女たちに落ち度があるわけでなく、相手が身体的な興味でのみ接近してきたことに問題がある。

利口な男性は表紙で書物を選んだりしない。しかし、雑誌のモデルのような外見の美しい女性を手にいれたいという望みを捨てない男性もいる。ところが、そんな女性と結ばれても、やがて欠点が気になり始める。身体的な魅力に気をとられすぎると、満足感は長続きしない。

男性は美しいと思う女性を見ると、どのように感じるのだろうか。彼女がきれいで、畏《い》敬《けい》の念を感じさせるほどだと思えば、その男性は幸福な気分になる。そこで心に火をつけられて、彼女を求めようとする気持ちに駆りたてられる。そして彼女に接近できれば、とても幸せな気分になる。このあと彼女に触れることができれば、男性は興奮し、女性も満たされるだろう。

以上のように考えると、男性が幸せな気分になるのは、女性がそう感じさせてくれるからにほかならない。だから男性は女性の外見でなく、その女性を見たときに、どう感じたかを第一に考えるべきだろう。

もとの相手への思いが断ち切れないように、自分の夢を断ち切れない男性がいる。どちらにも愛着があるからだ。

すでにのべたように、愛着を断ち切るには、別れのあとに十分に悲嘆にくれる必要がある。「絵」にたいする愛着は、過去の女性への思いがまだ吹っ切れていない明白なサインだろう。

14　理想を追って終わりのない旅をする男性

理想の相手を、いつまでも探しつづける男性もいる。決してひとりの女性に満足せず、終わりのない探索をしつづける。どこかに自分にぴったりの女性がいると信じて、現実の相手に早々と見切りをつける。つきあっている女性に問題が起きると、どんなありふれた問題でも、相手が自分に合わないと単純に結論づける。そして、自分は「はずれ」ばかりにあたると思いこむ。

しかし、このような期待をもつのは甘すぎるだろう。どんな関係にも、「いいとき」「悪いとき」があるからだ。望ましい関係が築かれていれば、問題が起きてもふたりで立ち向かうことができるし、乗り越えたときには、以前よりつながりが深まっている。あとで振り返って、そのころの不満や失望を温かく眺めることもできる。

ところが理想追求型の男性は、関係改善のために自分にできることは何もないと決めつける。相手が不満をいったり、対応が自分の望むとおりでなかったりすると、とりあえず考えをいうかもしれないが、あっさりとあきらめる。女性のほうは当然のことながら、まともに相手にされていないと思いこむ。実際にはこの男性は、どうしたらいいかわからないだけなのだ。

終わりのない探索の旅をつづける男性は、自分がいつも、理想の女性を見落としているという感じを捨て切れない。ところが、理想を満たさない女性とつきあっても、心の欲求を満たすことがある。それどころか、心ひかれる女性とつきあえば、真実の愛を見つけることができる。真実の愛とは、欠点や違いのある現実の人間を愛することでしか、手にはいらないものにほかならない。

こうしてみると、悪い相手を選んだから問題が起きたと結論づけるのは、間違いだとしかいいようがない。このことに気づけば、どんな女性を選んでも同じような問題が起きることがわかり、不安が解消されるだろう。避けようのない問題があることがわかれば、欲求不満を感じても、その原因が自分の選んだ相手より、自分のやりかたのほうにあることに気づくようになる。

15「結婚」に踏み切れない男性

男性のなかには、どんな女性とつきあっても、すぐにあきらめてしまう人がいる。女性にそばにいてほしいのだが、何か問題が起きると、努力しないでただちに相手を替えようとする。経験から何も学ばず、男性と女性の違いを理解しようとする前向きな姿勢をとろうとしない。そして女性を愛しても、いっしょに暮らせないと決めつける。こんな男性は、女性とつきあうことに意欲的でも、結婚には興味を示さないのである。

こうした男性は、さまざまな状況に対する女性の対応の仕方に、勝手な期待をもっている。だから、女性の対応の仕方が自分の期待に反すると、欲求不満を感じてしまう。そして自分の期待を問題にしないで、ひたすら彼女を変えようとする。男性と女性が相互に感じる欲求不満は、ほとんどコミュニケーションの領域で起こる。

男性が話したくないときに、女性のほうは話したがる。男性が自分の時間をほしいときに、女性はふたりだけの時間を要求する。女性が話を聞いてもらいたいのに、男性は解決策を考え始める。しかし、彼女はアドバイスを無視するし、男性は彼女に感謝されないという不満を隠さない。そこで男性は、いくら尽くしても女性が満足することはないと考える。このような対立がつづけば、愛を育てるのはむずかしいだろう。

いつも同じ問題が起こるようなら、男性は女性を非難するばかりでなく、自分の行動を反省しなければならない。相手への接し方を少し変えるだけで、たいてい望みどおりの温かい関係が実現する。時間をとって、男性と女性のコミュニケーションの仕方の違いを学べば、このようなパターンを変えることができる。

しかし、異性を理解するだけでは、問題が解決しないことがある。以前の女性関係から引きずっている否定的な感情があると、どんな女性ともうまくいかないからだ。過去に拒絶されて傷ついたり、力がないと感じたりした感情を引きずっていると、女性に近づいたとき、必ずそれが顔をだす。そんな感情をもつ男性は、決まって相手に悪いところがあると思ってしまう。一般に男性は、何かに不満を感じると、すぐに相手を非難して自分を守ろうとしがちだが、とくにあきらめの早い男性は、まず過去の傷を癒すことが必要だろう。

16 力の出し惜しみをする男性

別れのあとに悲嘆にくれる時間を十分にとっておかないと、自分の気持ちを抑えて、愛を遠ざけることがある。ネガティブな感情ばかりで、もとの相手を許すことができていなければ、またデートを始めても、無意識のうちに真剣なつきあいをためらってしまう。

もういちど新しいつきあいを始めるまえに、男性が自立できる状態に戻っていることは非常に重要な条件だ。心の傷の癒しに十分な時間をとっていなければ、本格的なつきあいにはいったとたんに、トラブルが起きることがある。

男性の側に女性を満足させられなかった過去があると、またドジをふむ危険を冒したくないという思いから、相手に対する努力を控えようとする。そして自分の行動によってでなく、自分の人間性によって愛されようとする。つまり献身的になりすぎたり、無理な約束をしたりしないようにして、過剰に慎重な態度をとる。

このような力の出し惜しみをしても、男性には決してプラスになることはないのだ。女性と本気でつきあうつもりなら、できるだけの努力をして、できる限りのものを与える覚悟ができていなければならない。

男性は他人のために何かをして、成功したと感じると自信がもてるようになる。約束をして、その約束を果たすために全力を尽くすことで人間的にも成長する。その反対に努力が認められないと、他人に尽くしたり、他人を喜ばせようとしたことでなく、感謝されなかったことを問題にする。そして、尽くすことでなく、尽くす相手を感謝してくれそうな人に切りかえる。

男性にとって努力が評価されないのに、それでも最善を尽くすことは、なかなかむずかしい。

そのうちに全力を尽くそうとしなくなるだろう。それなら失敗しても、全力投球でなかったせいだと自分を慰められるからだ。力を抑制すれば自分の強さや力も感じとれなくなるのだが、そのことに気づいていない。

男性は出し惜しみし、女性は与えすぎる

新しいスタートを切るとき、あらかじめ心が癒されていないと、男性は出し惜しみの傾向をみせるし、女性は与えすぎる傾向を示す。

こんな場合の女性は、何もしないでも、ありのままの自分が愛されていると感じる必要がある。もちろん、他人のために何かをして感謝されればうれしいが、自分に価値があるかどうかは、何もしなくても愛されるかどうかにかかっている。女性は何よりも、人間性を愛されなければならない。無理に自分の行動で愛されようとすると、与えすぎる結果になってしまう。

もちろん、女性だけでなく男性も、相手や自分のために何をしたかでなく、人間性を愛されることが重要である。しかし男性には、そのほかに欠くことのできない特別な要求がある。それは自分の行動を評価してほしいということだ。何もしないで愛されても、それでは十分に満足することができない。男性が全身で愛を受けとめるためには、その愛が努力の成果でなければならない。

男性が強い自信をもてるのは、他人の必要を満たしたときのことだ。過去の自分の行動に当時の相手が満足しなかった場合、その苦痛が癒えるまで、力を抑制するだろう。本気

で力を出せるようになるのは、もとの相手を許すことができたときのことだ。新しい相手にふみこむときは、すべての力をだしきれる状態になっている必要がある。

17　外見でなく人間性で愛されたい男性

一般に男性には、トラブルが起きると、すぐに努力を放棄する傾向がある。そして自分の行動でなく、人間性を愛されたいと主張する。生産高で価値が決まる機械のように、明けても暮れても女性のために働く奴隷でいたくないというわけだ。

このように思うのは無理もないが、それは心の傷が癒えていない証拠でもある。そこには自分の行動が感謝されなかったという苦い思いがある。つまり過去に努力したことはあるが、なんの役にもたたなかったので、女性を喜ばそうとするのはもうやめにしたい、努力しても評価されなければ、努力する意味がないという思いなのだ。

こんな男性に必要なのは、女性を喜ばすのをやめることでなく、喜ばす方法を学ぶことだ。

重要なのは、女性を喜ばさなくてはならないと思わないようにすることと、これまでの経験から女性に有効だった行動と、そうでなかった行動を整理してみることである。そして女性を喜ばすことでなく、効果がなかった行動だけをやめればいいだろう。女性を幸せにすることばかり考えていると、その女性が幸せにならなかったときに、強い敗北感に襲われる。

しかし男性は、彼女の幸せに責任を感じるべきではないだろう。それは女性自身の問題だからだ。ただ、女性が不幸なときに助ける気概があればいい。

女性の幸せのためにベストを尽くすことと、ベストを尽くしたあとに相手が幸せであってほしいと願うことのあいだには、大きな落差がある。

女性が不幸なとき、いちばんしてほしくないのは、男性が自分を喜ばすために問題を解決しようとすることだ。彼女がほしいのは解決策でなく、乗り越えようとしている問題を理解してもらうことである。

女性の考え方や感じ方をより理解すれば、男性は相手とずっとうまくつきあえるようになる。女性の感情に責任を感じないで、彼女を支えるようにすればいいのだ。

与えすぎないことが、より多くの支えになることもある。与えすぎる男性は、やがて自分が、与えた結果に必要以上に左右されていると感じるようになるだろう。適度であれば、与えることに躊躇する必要はない。与えられるものを与え、必要な感謝を受けとればよいのだ。

18 小さいことをおろそかにする男性

男性は自分の収入で価値が決まると考えるべきではない。愛されるためにたくさん稼ごうというプレッシャーを感じたりせずに、働けばいいのである。男性がプレッシャーを感じるのは、女性を喜ばさなければならないと思うからだ。今以上のことをしなければ、女性に愛されることも、感謝されることもないと感じているのだろう。

自分を単なる稼ぎ手とみなすことに抵抗感をもつ男性は、たいてい自分に大きすぎる期待をもっている。そして、できることをするだけで十分に愛されることに気づかずに、もっと努力をしなければ、女性に愛されないというプレッシャーに屈している。これは経済偏重の社会風潮の結果である。

現在の男性にいちばん必要なのは、大きなことをしようという気持ちを捨てて、もっと小さなことに目を向けることである。もちろん女性を夢中にさせるのは行動だが、それは大きなことをするかどうかに関係がない。女性を幸せにするために、なにもたくさんのことをする必要はないのだ。大きいことをする回数を減らし、小さなことをする回数を増やしたほうが、ふたりの関係がうまくいくこともある。

なかにはたしかに、男性に大きなことをしてほしいと思っている女性はいるだろう。そんな女性も、ふだんの生活でいかに男性からだいじにされ、助けられているかを理解できれば、小さなことの重要さに気づくだろう。ほとんどの女性が、すでにこのことを知っているはずだ。

女性が本当にほしいもの

女性が本当にほしがっているのは、男性とのコミュニケーションや、優しさや、理解なのだ。相手の女性が小さな問題で小言をいうと、男性は自分がこんなに大きなことをしているのに、それが認められないと誤解してしまう。そして、彼女を幸せにするには、もっと大きなことをしなければならないと考える。しかし、もっと稼ぎ、休暇旅行を計画し、豪華な家を買ったりすれば、ますます小さなことに気が回らなくなるだろう。

つまり男性は、女性に大きなことや役だつことをすれば、それにたいする感謝のしるしとして、小さなミスを大目に見てもらえると考えているふしがある。

女性が小さなことに不満をいうのは、小さなことが大きなことと同じくらい重要だからだ。男性は女性にしかないこの考え方に、抵抗したり誤解したりしないで、従えばいいのだ。相手を喜ばせたければ、大きな問題にそれほど重きを置かないで、小さな問題をだいじにすることだ。

小さなことで女性を喜ばすのは、ほとんどの男性が想像するより、ずっと簡単である。小さなことで女性が本当に喜び、感謝することがわかると、男性はほっとするだろう。小さなことに感謝されれば、男性は多くを望む社会のプレッシャーから解放される。

女性が喜ぶ「小さなこと」とは、つぎのようなものである。

・一日に何回か彼女に愛情を示し、触れるようにする。
・彼女の話に興味をもって耳を傾ける。
・ロマンティックなデートや旅行などの計画をたて、予定をたてる。
・ちょっとしたほめことばを口にする。
・花束を渡す。
・かわりに荷物をもってやる。
・疲れているようなら仕事を手伝う。
・頼まれなくても自分から何かをする。
・ときどきメモにメッセージを残す。
・彼女に自分のために時間を使うよう勧める。

関係がうまくいかなくなるときは、たいてい大きなことでなく、小さなことに原因がある。もちろん、大きな問題で争うこともあるだろうが、男性が小さな問題に関心を失わなければ、女性は男性を愛するだろうし、男性はその愛を感じて、いつでも献身的な姿勢をとることができる。

19 ひとりに決められない男性

相手と別れたあと、ひとりの女性を選ぶことができなくて縁遠くなる男性がいる。たくさんの女性とつきあっても、誰とも長つづきしないのだ。相手と本格的なつきあいを考える段階になると、それまでつきあった女性たちの長所ばかりを思いだして、決心がつかなくなるらしい。

こんな男性が、ひとりの女性に決められないのは、どの相手にたいしても不満を感じるからである。つまり、それぞれの女性の美点だけを集めたような相手を、無意識のうちに求めるのだろう。そうなると、デートの相手が増えれば増えるだけ期待が現実を離れて、ますます決定が困難になる。いまだに過去にしがみついているため、心を開いて、ひとりの相手との関係を大切にすることができないのだ。

ここで選択の可能性を広げるには、デートの仕方を変えるという単純な方法が効果的である。ひとりに決定できない男性は、過去の感情が癒えていないか、セックスの相手が多すぎるかのどちらかだろう。セックスの相手が多すぎれば、心の友に出会っても気づくことはありえない。心の友を見つけられる状態になったら、相手の数をしぼりこんで、心の友だと予感できる相手以外とは、性的関係をもたないようにすればいいだろう。

生涯をともにする相手かどうかを知るためには、その女性との関係を発展させて、愛を育てる機会をつくらなければならない。心でこの人だと直感するには、特別なつながりができあがっている必要がある。そのつながりをつくっていく最中に、別の女性とセックスをすると、せっかくのつながりが切れてしまって、最初からつくり直さなければならなくなる。

このくり返しをとめるには、とにかくひとりの相手を選んで、一時的にほかの女性を忘れることが必要であり、結論がでるまで、その相手とつきあい通すことである。ほかの女性に気のあるふりをしてはいけないし、電話番号を聞くのもやめたほうがいい。

そうしてひとりの相手とつきあっていると、当然、別の女性がよく見えることもあるだろう。しかし、浮気は禁物なのだ。とにかく、ひとりの相手との明確な結論がでるまで、気持ちを変えないことである。この関係を終わらせるのは、もう二度と彼女のもとに戻ることはないと、はっきりわかってからのことだろう。

いずれにしても、ひとりの相手を選ぼうと思えば、セックスの基準を設けておかなければならない。まず、セックスの相手を「この人かもしれない」と思える女性に限定することだ。しかし、セックスの相手が「その人」ではないとわかったときは、ただちにつきあいをやめる必要がある。「その人」ではないことが確実な相手と、深いつきあいやセックスをするのは完全な時間の浪費であり、望ましくない結果につながることが多い。

ひとりの相手に決めることができない男性も、デートの仕方を変えれば、ひとりの女性を選べることに気づくだろう。方法を間違えないようにして十分な時間をとれば、そのあとは悩まなくてすむはずだ。手にはいるはずの相手を逃がしていると感じることがなくなるばかりか、決断をくだすタイミングを正確に読みとることができるにちがいない。

20「別れたい」といえない男性

「つきあってほしい」といえない男性もいるが、「別れたい」といえない男性もいる。愛する人と別れたあとで知りあった女性が「最適の相手」でないとわかっても、別れることができないのだ。愛してくれている相手に「別れたい」といって傷つけるのに耐えられないのである。

二度目の結婚がうまくいかないケースのほとんどは、男性のこの気の弱さが原因になっている。妻と別れたあとの男性が、すぐに別の女性と結婚するときは、女性のほうが男性の強い衝動に押し切られていることが多い。しかし結婚したいとか、深い関係になりたいという男性の衝動が強すぎれば、失敗に終わる確率が高い。

こんな男性が結婚すると、しだいに現状に疑いをもち始め、身動きがとれない気分に追いこまれる。熱病からさめてみると、相手は夢に見た理想の女性ではなかったのだ。自分に正直に生きようとすれば、そこで別れなければならないが、結婚してからの別れは結婚まえにくらべて、はるかに苦しみや傷が大きい。しかし、決断を先延ばしにすればするほど苦しみは大きくなり、状況も複雑になる。

男性が女性を傷つけたくなくて「別れたい」といえないときは、心の奥にもうひとつの理由がひそんでいる。それは過去から引きずっている感情だ。過去に女性から見捨てられて傷ついていれば、当然、ほかの人を傷つけたくないと思うだろう。だから、自分を傷つけた人間を許せたときに、相手から罪の意識をもたずに離れることができる。

別れの手紙

罪悪感があろうとなかろうと、別れる必要があれば、別れなくてはならないだろう。そう決断することこそ、傷つけたくない相手への適切な姿勢である。別れがいいだしにくければ、いうべきことを書き出して読んで聞かせればいいだろう。内容はごく簡単でも、別れたいという意志が伝われば用がたりる。

「きみにわかってもらいたい。きみをとても愛しているし、大切に思っているが、ぼくは今、誰かといっしょに暮らせる状態でないと感じている。このまえの別れの苦しみを乗り越えるには、まだ時間がたりなかったのだ。きみに約束をするまえに、いろいろな経験を積む時間が必要だったのだ。きみを傷つけるようなことは、いいたくもしたくもない。でも、自分のために別れようといわなければならない。きみとの関係が終わることを寂しく思っている。表現がへたなために、きみを傷つけるのが怖い。きみのほしいものを与えられず、苦しみから守ってあげることもできなくて、本当にすまないと思っている。だが、ぼくの気持ちははっきりしている。きみとの関係は終わらせなければならないのだ。

楽しい時間をありがとう。きみとともにした愛や時間をいつまでも忘れない。きみはすばらしい人だった。きみはまた、ぴったりの相手を見つけるだろうと確信している」

大切なのは、この手紙を郵送せずに相手のまえで読むことだ。手紙を読んだあとの会話で、彼女の反応がわかるだろう。

このとき男性のほうは、あくまでも別れたいという意志を押し通すことが必要だ。冷たくすべきではないが、ぐらつけば最悪の結果になる。

彼女はまず「どうして？」と理由を聞くだろう。これにたいする答えは「愛しているけど、きみがぴったりの相手でないことがわかった。きみがぼくにぴったりでないなら、ぼくもきみにぴったりの相手じゃないよ」につきる。

相手はもういちどチャンスがほしいとか、もう少し待ってほしいというかもしれない。自分を変えると約束をしたり、考え直してくれと要求したりするかもしれない。しかし、こうしたことは別れる理由とは無関係なのだ。

別れようと思う理由は、結婚しようと思う理由と同じである。すべては心の底で、直感的にわかることにすぎない。

別れのあとの反動期でなくても、親密な関係を終わらせにくいことがある。自分がデートをしている相手がぴったりの相手ではないことがわかれば、そのことを手紙に書いて伝えればいいだろう。

一部の男性にとって、自分のほうから別れを切りだすのは、とても困難な仕事になる。しかし、この試練を乗り越えれば、自分を見捨てた女性もふくめて、過去のすべての女性を許すことができる。自分には合わない相手に「別れたい」というのは、いつか自分に合った女性と出会うための強力な下地になるだろう。

21 自滅行為で苦しみを避ける男性

愛する人を失った悲しみを感じたり、癒したりできないときに、自分を痛めつける行為に走る男性がいる。受けた傷を前向きに処理できないために、自分を傷つけようとするわけである。

薬物中毒になるか、危険に身をさらすか、生きる力を失うか、命を捨てようとすることもある。そして自分をコントロールできなくなり、どこまでも落ちたあげく、どん底に落ちこんで救いを求めるはめになる。

苦痛に対応する方法を知らない男性は、自分から救いを求めようとしない。事態がどうしようもないほど悪化してから、独力でははいあがれないことにようやく気づく。多くの人は苦しみから立ち直るには、どん底に落ちる必要があると信じている。しかし、そうとは限らないのは、どん底に落ちなくてもすむ方法があるからだ。

自分を痛めつけようとする男性は、その理由が抑圧している感情にあることを認識する必要がある。他人の助けがなければ、そこから完全に回復することはほとんど不可能だろう。

第三者の力を借りて心を癒す

自分の傷を癒すのは自分の責任だが、それでも家族や友人は、失意の男性を自滅行為から救うために力を尽くし、早い機会に立ち直らせることができる。

こんな場合、この男性にあれこれ行動指針を与えるのは感心しない。彼の行動がどのように友人や家族に影響しているかを、教えるだけで十分だろう。家族が怒り、寂しさ、恐れ、悲しさ、愛、理解、願望、信頼を手紙に書いて、読んで聞かせるのもいい方法である。家族の気持ちを知らせるのは、大きな癒しになるし、本人はそれで力づけられる。

傷つけている人たちの正直な気持ちを聞けば、自分が変わらなければならないと考え、そのための力がでるだろう。自分が落ちこんでいても、誰にも影響がないと思えば、いっそう絶望の淵に転落する。男性は誰かに必要とされれば勇気がでるし、まわりの人の気持ちを聞けば、逆境を乗り越える力があることに気づく。そのときは反発しても、あとになって家族や友人の助力に感謝するだろう。

子どものころに罰を受けた経験があれば、自分を痛めつけるこの傾向はいっそう強くなる。これをとめるには、過去に罰を受けたときのことや、罰を受けるのが怖かったときのことを思いだす必要がある。過去のその時点から引きずってきた感情を処理することによって、自分を傷つけるパターンから抜け出すことができる。

アルコールやドラッグへの逃避

苦痛から逃れるために、アルコールやドラッグを過剰にとる男性がいる。すでに飲酒の習慣や薬物使用のパターンができあがっている場合、心に傷を負うと、それらに抵抗できなくなる。薬剤で精神に変化が生じると、本当の気持ちから逃げることができる。向精神性の物質は苦痛を一時的に麻痺《まひ》させるが、同時に依存症に結びつく。

愛する人を失った直後に中毒性の物質に頼りがちなのは、心もからだも苦しいからだ。その苦しさに対処するために、人間の体内には、自然にエンドルフィンという鎮痛作用をもつ物質が生成される。本書で説明した悲嘆にくれるプロセスは、苦しみを減らすエンドルフィンの生成を促進する。

ドラッグもアルコールも、からだを刺激してエンドルフィンを生成しようとする。しかし、このような外からの刺激が問題なのは、からだがエンドルフィンを自分で生成しなくなることにある。このため、ドラッグやアルコールの影響を受けていないときは、禁断症状があらわれて、非常に大きな苦痛を感じるようになる。本来なら、エンドルフィンが自然に生成されて心が開き、脳を安定させてくれるはずだが、エンドルフィンの生成機能がストップしていれば、この痛みは耐えがたい。

このような中毒性物質を避けるようにすれば、自力で苦痛に立ち向かわなくてはならないが、その痛みは禁断症状の苦しさにくらべて、ずっと軽い。解毒プログラムやアルコール中毒者の更生会に参加すれば、必要な助けを手にすることができるし、どん底まで落ちこむこともなくなるだろう。

車への逃避

別れのあと、気力を感じる力が阻害されると、ぼんやりと気のぬけたような状態がやってくる。こんな場合、また以前の活気をとり戻すために、この状態から逃げだそうと考えて、車で走りだす男性がいる。どこにいきたいのかわからないが、ただ逃げたい一心なのだ。

車でその場所から去りさえすれば、問題も苦痛も置いてこれるように感じるのだろう。しかしやがて、問題や苦痛は影のようなものだったことがわかる。町を出たり、場所を変えたりしても、いつも自分につきまとうのだ。このような逃避で、一時的なやすらぎを感じとれる場合は、帰り道を断つような無茶をしたり、友人や家族の支えを無視したりしないよう気をつけなければならない。

たしかに運転好きで、無謀運転をしない人なら、この逃避の方法も悪くはないだろう。しかし、心を癒すために必要なのは、自分の気持ちを見つめることであって、逃げることではないのである。愛してくれる人たちから離れることは、また別の自滅行為に結びつく。逃げる男性には、自分が誰にも支えられる価値がないという思いがある。そんなときに友人に出会えば、自分が愛されていることを知って驚くだろう。そしてそれは非常に大切な癒しのレッスンとなる。

自分を危険にさらす

気持ちを抑圧している男性は、自分を危険にさらすか、危険を楽しむような行動をとって生きがいを感じることがある。だから別れのあとには、山に登ったり、カーレースにでたりする。これも常識的な範囲なら決して悪いことでなく、休暇をとって登山をしたり、森に入ったりするのは自立感を味わう助けになるだろう。

とにかく自分の身を危険にさらすときは、すべてのエネルギーをサバイバルのために集中しなければならない。生きるか死ぬかというときには、愛し愛されたいという欲求を感じる余裕がなくなるだろう。それに自分の命を失うことにくらべれば、愛を失ったことなどは大した問題でないにちがいない。生きるために、その瞬間に自分の全神経を集中すれば、ふしぎな高揚を感じることができる。

たしかにこれは積極的な逃避だが、傷ついた心を癒しもしなければ、気持ちを抑制する習慣を直してもくれない。その瞬間を生きることは、過去から一時的に解放される手段になっても、過去を癒すことにはならないからだ。危険が去るとすぐに、抑圧していた癒しを待つ感情が顔をだしてくる。だから、つぎの危険な冒険にでかけるまえに、時間をとってこの感情の処理をすませておく必要がある。

生きるためのエネルギーを失う

心を閉じている男性は、愛情を感じない女性とのセックスに心を奪われることがある。心に閉じこめたエネルギーは、セックスという出口から外にでようとするのだろう。この男性にとってセックスは、エネルギーを感じるための手段なのだ。

男性は性的エネルギーを解放することで、感情的な緊張を緩和することができる。強い性的刺激があれば、エネルギーは一時的に解放される。生きるためのエネルギーを愛のないセックスで解放するこのプロセスは、気分をよくしてくれるかもしれないが、その気分は持続しない。やすらぎと同時に、何かを失ったような感じが残るだろう。これは愛のないセックスのせいでなく、過去に何かを失ったときの気持ちが、まだ解決されていないせいである。

苦しい気持ちを抑えつけている男性は、セックスの喜びを渇望することがある。売春婦や、ポルノや、過剰なマスターベーションに強い魅力を感じとる。そして、セックス以外の関係しか求めない女性に強度の関心をもつ。深い関係になる心配がなければ、よけいにセックスに執着するわけだ。しかし心を癒すには、そのようなセックスのあとに感じる羞《しゅう》恥《ち》心、喪失感、空虚感などを見つめ、それを処理する必要がある。過剰な性的刺激を避けるには、運動、食事、冷たいシャワー、講習の受講、性表現のない映画を見ることなどが役にたつ。一日に二回以上の射精は、セックス中毒の徴候ともいえる。

自分の命を捨てる

自滅行為の最終段階は、自殺の試みだ。自殺をはかるのは女性のほうが多いが、目的をとげるのは男性のほうが多い。

男性が自殺を考えるのは、人生に耐えられなくなったときのことだ。多くの場合、失敗につきまとう羞恥心から死にたい気持ちに追いやられる。家族や友人に向かって自分の無能力さを認めるより、死んだほうがましだと考える。自分には助けを求める価値がないと思っているから、いっそう追いつめられる。

男性が自殺するのは、ほかにどうしようもないからだ。面目を保てなければ、死ぬしかないと思いこんでしまう。これにたいして女性の場合は、必要なものが手にはいらない苦しみが耐えられないほど大きくなって、手の打ちようがないときに自殺を考える。彼女たちはたいてい救いを求める手段として、自殺したいという思いをまわりに知らせようとする。

男性も女性も、苦痛を感じないようにする方法として死を選ぶところは共通している。苦しみをこの世において去りたいのだ。

自殺したい気持ちを変えるひとつの方法は「わたしは死にたい」という感情を認めることである。そして、そこからもう少しふみこんで「どうして死にたいのか」と自分にたずねてみることだ。

この答えは、かならず生を肯定するものになるだろう。たとえば「苦しみから解放されたい。痛みをとめたい。すべてをおいて去りたい。自由になりたい。幸せになりたい。心の平穏がほしい。生きたい」というふうになるにちがいない。

このような死にたいという衝動に隠れた肯定的な感情に触れたあとで、生きたいという願望を感じとれれば、怒り、寂しさ、恐れ、悲しさに結びつけることも容易になる。この作業はひとりでできるが、慣れるまではカウンセラーの助けを借りるのが望ましい。

22 自信を喪失する男性

愛する相手を失った男性は、さまざまな面で自信を喪失する。仕事に自信をもっていても、デートをするときになると不安感が顔をだす。これは自然な心の働きだ。もとの相手との関係がどのように終わろうと、新しくデートを始めるときは、気後れを感じるのが普通である。

とくに四〇歳を超えた男性は勝手がわからず、まごまごしてしまうかもしれない。独身に戻るのが久しぶりだと、何から始めていいのか、どこで会えばいいのかわからないにちがいない。デートの決まりごとは以前と大きく変わっている。今の女性は、昔とは違う要求や期待をもっているからだ。だから、自信をもってデートできるようになるまでに時間がかかることもある。

それでも、別れの傷が癒えるまでは自分を中心に考え、一対一の関係を急がないようにすれば、しだいに安心感をもてるようになるだろう。そうすれば自信が生まれ、相手に与える力を意識できるようになる。自分に女性を夢中にさせる力があると思えるようになれば、最適の相手を見つける準備が整っている。

セックスの相手を見つけることを目標としていると、デートはなかなか成功しない。女性を知ることで、セックス以外にたくさんの貴重なものがえられることを知っていれば、独身という新しい身分に慣れるのが、ずっとやさしくなるだろう。

若い女性とのデート

独身生活に慣れていない四〇歳以上の男性は、無意識のうちに若い女性にひかれることがある。彼女たちの若さや経験のなさが、自分の能力や力をより大きく感じさせてくれるからだ。これにたいして二〇代の女性のほうも、力のある年上の男性にひかれることが多い。自分と同年代の男性よりずっと大人だという点が、たまらない魅力になるわけだ。あまり自信をもてずに、援助してくれる人を求める女性の場合は、とくにこの傾向が強くあらわれる。

若い女性とデートをしても、もちろん悪いことはない。むしろ、元気を回復できるという大きな利点がある。自分の若さと、力強さを再確認できるわけだが、これは若い女性をつうじて、過去の一部とつながりをもてるせいだと考えていいだろう。男性は一般に、若いときには自信をもっていない。年長の男性が、また若さを感じて自信を回復できれば、いうことがないだろう。

しかし、若い女性とデートをするときに、考えておかなければならない問題がある。ひとつは彼女たちが年をとったときに、状況が変わるということだ。女性は三〇代に近づくとホルモンが変化し始める。すると若いときと違って、自分らしくありたいという欲求がより強くなり、相手の男性に対して自己主張し始める。

もうひとつは興味の持続という問題である。つまり、成熟のレベルの違う相手に、興味をもちつづけるのは困難だということだ。男性の心が若さを維持できて、女性の心が成熟していれば問題はないのだが、たがいに興味を失う可能性がある。だから離婚した直後に、若い女性と結婚することには注意したほうがいいだろう。

セックスがうまくできない

再出発しようとする男性のほとんどは、セックスになんらかの困難症を経験する。すると、たいていパニック状態におちいり、そんなはずはないとがくぜんとする。しかし、これは当然のことなのだ。からだのほうが、まだセックスをする状態でない、もっとスピードを落とせと伝えているにほかならない。

こんなときは、待ち望んだセックスのチャンスがきたのに、勃起《ぼっき》しなかったり、勃起が持続しなかったり、早漏したり、勃起してもオルガズムに達しなかったりして、性的不調を経験する。このような事態になると、男性は大きな衝撃を受ける。しかし、この事態にたいしては、まだ心の準備ができていなかっただけだと考える必要がある。

一般に男性は抑圧してきた心の傷があると、大切に思う女性とうまくセックスできないことがある。どうでもいい女性とのセックスに問題がなくても、大切な女性の場合になると、からだがいうことをきかないのだ。しかし、準備が整うまえに結果を急げば、プロセスが複雑になるだけである。心が癒されて、相手に与える力を感じとれるようになったとき、セックスの能力は完全によみがえるだろう。

女性を助けたい

男性は相手に与える自信が回復していないのに、救いを求める女性にひかれることがある。彼女を助けることができれば力の回復を実感して、いい気分になれるかもしれないが、そのあと自信や力を感じるために彼女に依存するようになる危険性がある。だから、こんな女性と深い関係になるのは、もう少し待ったほうがいいだろう。

女性に依存して感じる自信は、本当の力ではないのである。そんなときは、女性を救うことで一時的に無力感から解放されているにすぎない。男性は女性の問題を解決できると考えると、すぐにスイッチオンの状態になる。それまでさんざん苦しんでいても、突然、気分が回復する。しかしこのようなロマンスは、情熱的であっても長つづきしないことが多い。

なぜなら深刻な状況を脱した女性は、救いの必要がなくなると男性に興味を失う確率が高いからだ。そしてどちらかが、相手がぴったりの異性でないことに気づくかもしれない。男性がこんな女性にひかれるのは、役にたちたいという願望もさることながら、力の回復を感じたいからにほかならない。そうだとすれば、セックスなしで助けても同じ力を感じとれるし、セックスをしなければ、相手が合わないとわかったときも別れやすいだろう。

育ててくれる女性を求める

力を回復する過程にある男性が、一時的に自分を育ててくれそうな女性にひかれることがある。そんな女性なら、子どものころの傷の癒しを助けてくれだろう。しかし、ほとんどの場合、傷が癒えると同時にひかれる気持ちが消えて、つきあうべき相手でなかったと気づく結果になりやすい。

だから、こんな女性と深い関係になってしまうと、事情はさらに複雑になる。男性は無意識のうちに彼女に感情を投影し始めるからだ。つまり、女性を母親がわりに求めていると、子どものころから抑圧してきた感情を彼女に投影してしまう。母親に感じたことを、彼女にも感じ始めるわけである。心に傷や怒りが残っていると、彼女の言動に過剰に反応したり、傷ついたりするようになる。

だから女性と長期的なつきあいを始めるときは、傷を癒してくれる母親がわりの女性を求めていないか、注意しなければならない。

心を癒している最中に、そのような女性とセックスをともなう長期的なつきあいを始めると、関係に無理が生じて自然な癒しのプロセスが妨げられる。このようなかたちで女性への依存度が大きくなると、独立心や力を感じられるようになるまでに時間がかかるだろう。

一般に傷ついた男性は、自分を育ててくれそうな女性や、自分の力を感じさせてくれそうな女性にひかれる傾向をもっている。癒しの過程で、このような女性にひかれたら、女性のセラピストを頼ることである。必要な保護を受けることができるし、独立心と力を強めることができるだろう。

同時に、将来の約束に縛られない自由なセックスの表現を知れば、大きな力を感じとることができる。面倒な条件をつけずに女性と性的関係を結べれば、傷ついた愛着を癒す大きな助けになるだろう。こうして心が癒されれば、新しい愛を見つけ、愛する女性とともに未来を生きる準備が整っている。

おわりに

新しいスタートを切るときは、男性も女性も分かれ道に立つ。片方は上り坂で、光と、愛と、希望に向かう道である。もう片方は下り坂で、暗闇《くらやみ》と、絶望と、むなしさに向かう道なのだ。上り坂は、歩き始めがむずかしい。自分の苦痛を感じとり、それを過去の感情に結びつける方法を学ばなければならない。下り坂のほうは、歩き始めは簡単だが、だんだん苦しく、むずかしくなる。心が癒《いや》されないままでこの道を進むと、帰ってこられなくなることがある。わたしたちは危険を冒して、もういちど人を愛することで以前より強く、温かい人間になる。心を癒すという試練に立ち向かえば、さらに大きな愛を見つけることができる。そして、もてる力を最大限に発揮できるようになるだろう。

この恩恵を受けるのは、自分だけではない。相手も、自分たちの子どもも受けるはずである。親が苦しんでいると、子どもたちもまた苦しい思いをする。親が子どもに与えることのできる最大のプレゼントは、愛と癒しのお手本だろう。親が苦痛を癒すことに成功すると、子どもの負担も軽くなる。

別れてから何年もたっていても、「癒し」を始めるのに遅すぎることはない。今からでも方向を変えれば、心を癒して真実の愛を見つけることができる。すでに本書で記したような誤りを犯していても、もういちど愛を探す選択肢は残されている。

このあともあなたは正しい選択をつづけるための方法を見つけるだろう。分かれ道にさしかかって、心を癒す選択をするたびに、どうか愛することを選んでほしい。自分のためだけでなく、子どものために、家族のために、友人のために、世界のために、愛することを選んでほしいのだ。そして、あなたの愛が必要とされていることを、いつも忘れないようにしてほしい。

ここまで、わたしといっしょに旅をしてくれてありがとう。そして、わたしをあなたの人生にかかわらせてくれてありがとう。

ジョン・グレイ

訳者後書き

この本を手にされた方は、読み始めのころはとまどわれたのではないでしょうか？というのも、これまでの本は「別れ」を経験したら、いかに早くその悲しみから立ち直るか考え、その方法や受け止め方をアドバイスしてくれるのが大半だったからです。ところがグレイ博士は、別れたらまずはその悲しみを十分に感じて、悲嘆にくれなさいと、いっています。

人間は自分の心や感情を理解しているつもりでも、実は「気がつかない」か「気がつかないフリをしている」ことがよくあります。とくに悲しいことを悲しいと実感するのは、とてもつらいことでしょう。だから、なんでもないようなフリをして、また別の人と恋をして同じような別れをくり返すのかもしれません。多かれ少なかれ、人にはそうした傾向があるようです。

たとえば、同じようなタイプの男性とばかりつきあって、何度も別れをくり返す女性がいます。本人は、決して同じタイプの男性を選んでいるつもりはないのに、周囲から見ると、前と同じタイプを選んでいます。それが女性をくいものにするようなタイプの男だったとしたら、その女性はいつまでたっても、最高のパートナーとはめぐり会うことはできないでしょう。

「わたしがいないと、この人はだめになってしまう」

といって、そのようなタイプの男性と別れられない女性は、もしかすると別れの悲しみを感じたくない心の悪あがきを表現しているのかもしれません。グレイ博士によると、「別れ」の悲しみを本当に実感していないから、また同じようなタイプの男性を選んでしまうのだというのです。

「男性は別れてすぐにまた新しい相手とつきあえるから、別れてしまうことになるのだ」と、グレイ博士は指摘します。これで、内心ドキッとする男性も多いのではないでしょうか？

心のヒダは何層にもなっていて、一枚一枚はいでいくとさまざまの感情が折り重なっていることがわかります。この本のページをめくるたびに、自分の心のヒダを一枚ずつはがされていくようで、ちょっと怖い気分にもさせられます。でも、この「怖さ」とそれに伴う「心の痛み」を克服できる快感があるからこそ、グレイ博士の「MARS AND VENUS」のシリーズは本書を含めて一〇冊に上り、全米で六〇〇万部を超えるベストセラーになったのでしょう。すでに四〇か国以上で翻訳出版されているということからも、別れの悲しみは万国共通であることがわかります。

日本の古いことばに、「会うは別れの始め」という表現があります。でも、別れが出会いの第一歩であるというのも真実です。

別れの悲しみから立ち直るために一〇一の方法を試みたり、別れた相手に仮想の手紙を書いてみたりしながら、別れの悲しみを実感してみてください。そうするうちに、別れの向こうには、新しい出会いがあることを実感することができるでしょう。

前沢　敬子

Mars and Venus Starting Over

ジョン・グレイ John Gray, Ph.D.

心理学博士。世界中で1000万部以上を売り上げた
『火星人の男、金星人の女』をはじめ、10冊のベストセラーを
世に送り出している。コミュニケーションや人間関係の分野では
世界的にその名を認められており、その豊富な経験を生かして、
過去26年間にわたって全米の主要都市でセミナーを主催している。
家族療法の公認セラピスト、『ファミリー・ジャーナル』誌の顧問編集員、
国際家庭生活カウンセラー協会の顧問委員、全米精神分析診断医委員会の会員、
そして全米カウンセリング協会の一員である。北カリフォルニア在住。

前沢敬子 まえざわ・ひろこ

石川県出身。
1960年昭和女子短大英文科卒業後、翻訳業に従事。

だからあなたは今でもひとり

2001年7月10日　初版第1刷発行
2002年4月10日　　　　第5刷発行

著者／ジョン・グレイ
訳者／前沢敬子
発行者／山本 章
発行所／株式会社 小学館
〒101－8001　東京都千代田区一ツ橋2－3－1
電話　編集03（3230）5617、9352
制作03（3230）5333　　販売　03（3230）5739
振替　00180－1－200
印刷所／藤原印刷株式会社
ＤＴＰ／江戸製版印刷株式会社

MARS AND VENUS STARTING OVER by John Gray, Ph.D.

ISBN 4-09-356261-X